Sei perfetta e non lo sai

Alla mia famiglia:
la mia gioia, la mia forza
e la mia serenità

Art director: Sergio Pappalettera
Progetto grafico e impaginazione: STUDIO**PRODESIGN** / Lorenzo Paolo Sdraffa
Illustrazioni: Damiano Groppi

Prima edizione: aprile 2014
ISBN: 978-88-17-07365-3

Finito di stampare nel mese di marzo 2014
presso Cartoedit S.r.l., Città di castello (PG)

Cristina
Parodi

Sei perfetta e non lo sai

Rizzoli

SOMMARIO

ADORO VESTIRMI!

Adoro vestirmi, lo ammetto. Sembrerò pure un po' vanitosa, ma non penso di essere superficiale o frivola. Né tantomeno spendacciona o shopping dipendente. La verità è che mi diverto a cambiarmi, a trovare gli abiti giusti, a osservare quelli degli altri, facendo tesoro di ciò che mi piace e valutando con attenzione quello che invece trovo inadatto. Il gusto, si sa, è molto personale, e il concetto di eleganza è quanto di più vago e mutevole. Lo stile, no: quello, se c'è, si riconosce subito perché rende alcune donne perfette e altre un po' più… sfocate. C'è chi la mattina pesca vestiti a caso nell'armadio pur di fare in fretta, io no. Di solito comincio a pensare già la sera a che cosa indossare l'indomani, perché lo trovo molto rilassante prima di andare a dormire, senza contare la praticità! In questo modo, infatti, il mattino mi basta pochissimo tempo per prepararmi (sicuramente molto meno di certi uomini…) e per essere soddisfatta del mio look che, non dimentichiamolo, è il biglietto da visita più diretto e rispecchia carattere e personalità. L'abito è la prima cosa che si nota in una persona, è la somma di tanti piccoli dettagli e spesso ci identifica più di mille parole. Quello di presentarsi al meglio in ogni occasione è un gioco che mi ha sempre appassionata: da bambina vestivo le Barbie trasformandole in perfette astronaute, indossatrici, scienziate o infermiere, poi, una volta cresciuta, mi sono ritagliata orizzonti meno spericolati, provando però in prima persona il piacere di essere a mio agio in ogni situazione, anche grazie al vestito giusto. Cosa che, pur non essendo la più importante nella vita – e su questo siamo tutti d'accordo! –, molto spesso aiuta.
Se mi soffermo un attimo a pensare, però, mi sembra che le nostre mamme avessero molti meno problemi di stile rispetto a noi.
Negli anni '60, infatti, le tipologie di abbigliamento erano poche: c'era l'abito da giorno, quello da cerimonia e quello da gran sera. E difficilmente si poteva sbagliare. Le signore ricche andavano a comprare i vestiti dalle sorelle Fontana, da Pucci o Pierre Cardin. Le altre li facevano confezionare dalle sartine di provincia ma, al di là della ricchezza dei tessuti e delle rifiniture,

non esisteva molta differenza tra gli uni e gli altri. Così una donna, in qualsiasi occasione, seguendo quei canoni ben precisi, si sentiva a posto. Oggi la moda cambia ogni stagione e inseguire le tendenze – talvolta decisamente estreme – è molto pericoloso. Inoltre il mondo del fashion ha allargato il suo bacino di acquirenti collaborando con alcune catene low cost che rendono accessibili a tutti le copie dei modelli creati dai grandi stilisti, i must have della stagione e tutte le follie della moda. Questo può essere assai divertente, ma può anche creare grandissimi disastri, molti dei quali sono sotto i nostri occhi ogni giorno per strada, sulle pagine dei giornali o in tv. Quindi, di fronte all'estrema varietà di proposte, come si può scegliere bene senza sbagliare? Care amiche, purtroppo la ricetta sicura al cento per cento io non ce l'ho; però, nel corso degli anni, provando e sbagliando – nella rubrica "Buccia di banana" ci sono finita pure io… – ho maturato alcune convinzioni sul concetto di eleganza che mi auguro possano esservi di aiuto.

Io credo che la moda per le donne sia un po' come il calcio per gli uomini: ognuno può dire la sua e sentirsi Mister almeno una volta. E questo è il mio turno. Siete pronte ad allenarvi con me per scoprirvi finalmente "quasi perfette"? Allora seguitemi!

1

LE REGOLE PER NON SBAGLIARE

MENO È MEGLIO • POCHE COSE, MA DI BUONA QUALITÀ
IL SEGRETO È MESCOLARE • IL LARGO SMAGRISCE, LO STRETTO INGRASSA
PROPORZIONI & SPECCHIO • GIOIELLI & BIJOUX • TRUCCO & PARRUCCO
TINTA UNITA & FANTASIA • IL PIACERE DI VESTIRSI

Care amiche, considerato che la moda è creatività pura (e a dimostrarlo ci sono due volte all'anno le collezioni degli stilisti in cui si vede tutto e il contrario di tutto), è molto difficile riuscire a racchiudere il segreto dell'eleganza in una serie di regole. A star dietro alle tendenze c'è da impazzire, anche se per gli addetti ai lavori e per alcune signore modaiole questa è una fatica piacevolissima... Diciamo, però, che io voglio rivolgermi alle donne che tengono d'occhio i cosiddetti "must" che spuntano nelle rubriche delle riviste patinate o nei blog di moda, ma che poi non vanno necessariamente a comprarseli. Anzi, preferiscono usarli come fonte d'ispirazione per adattarli alle loro esigenze e al loro gusto.

D'altra parte quel genio di Coco Chanel – colei che ci ha liberate dalla gabbia dei corsetti, regalandoci uno stile finalmente comodo ed elegante – diceva due cose fondamentali: "La moda è fatta per diventare fuori moda" (in effetti cambia ogni sei mesi...) e "La moda passa, lo stile resta". Su quest'ultima grande verità si basa il mio modesto tentativo di aiutarvi a vestirvi con garbo e cura. Lungi da me l'idea di stilare un codice scolpito nella pietra e da seguire passo passo, visto che io sono la prima ad avere mille dubbi e a scivolare qualche volta sulle bucce di banana... Quello che mi sento di fare, amiche mie, è darvi una serie di consigli semplici e di buon senso. A questi poi ognuna di voi saprà aggiungere il tocco personale, in base al proprio gusto: solo da questo mix riuscirete a ottenere quello che Madame definiva "lo stile".

MENO È MEGLIO

Non so chi abbia espresso per primo questo concetto, ma aveva senz'altro ragione. Per essere eleganti bisogna partire da poco, dall'essenziale, senza esagerare: pochi pezzi ben abbinati fra loro per toni e proporzioni.

Se un abito è bello e veste bene, sicuramente non vi servono troppi orpelli per essere impeccabili. Se decidete di aggiungere un accessorio (foulard, collana, spilla, cintura, cappello ecc.), deve essere davvero speciale, altrimenti meglio non mettere niente.

Sapete qual è la prova del nove? Una volta completato il look, guardatevi allo specchio e provate a togliere qualcosa, come un foulard, una collana vistosa o una cintura particolarmente importante, e scoprirete che l'insieme si alleggerisce e diventa molto più elegante. Puntate tutto su un solo dettaglio di immagine – che può essere la borsa, un gioiello o un paio di scarpe – e lasciate che il resto sia sobrio.

• DONNE DA COPIARE •

FRANCA SOZZANI è la migliore rappresentante del minimal chic in Italia. Conosciuta come "la Franca" tra gli addetti ai lavori nel mondo della moda, dirige Vogue Italia, la bibbia della moda, e da sempre viene paragonata per autorevolezza e potere ad Anna Wintour, la direttrice di Vogue America a cui si ispirò il celeberrimo film *Il diavolo veste Prada*. A parer mio, la Franca è più elegante e raffinata della Wintour che a volte esagera nel voler sfoggiare abiti di haute couture eccessivamente vistosi. La Sozzani non è mai sopra le righe. Preferisce piuttosto non farsi notare, se non per la folta chioma bionda che lascia sempre sciolta in morbide onde, unico vezzo frivolo, e per i pendenti antichi che sfoggia alle orecchie. Per il resto predilige colori neutri (come nero, grigio, tortora e beige) e abiti non eccessivamente attillati. Tacchi mai troppo alti, borse mai logate (alle sfilate arriva rigorosamente senza borsa e munita solo di telefonino e occhiali da sole), e mai, mai, mai in jeans benché con il suo fisico minuto e asciutto possa permetterselo. L'ho incontrata tante volte, sia in occasioni ufficiali sia in versione casual in redazione o in aeroporto, e mai una volta avrei cambiato una virgola del suo stile sobrio e raffinatissimo.
Da copiare: tutto!

• L'ALBUM DEI RICORDI •

Qualche anno fa a Parigi ho assistito alle prove di stile prima di una sfilata di Valentino. Pierpaolo Piccioli e Mariagrazia Chiuri, i due stilisti che hanno preso il posto di Valentino Garavani, mi fecero filmare come unica giornalista presente il momento molto delicato in cui si fanno indossare alle modelle tutti gli abiti confezionati e si decide quali sfileranno in passerella e quali no. Ogni uscita era un capolavoro di pizzo, ricami, volant e ruches. Ma in parecchi casi i due stilisti eliminarono alcune decorazioni importanti, con grande delusione delle sarte, e vi assicuro che puntualmente l'abito risultava più bello e pulito.

POCHE COSE, MA DI BUONA QUALITÀ

È vero, e le mamme lo dicono sempre: è inutile buttare via i soldi in tanti vestiti, meglio spendere un po' di più per una sola cosa che dura tutta la vita. Nella moda il "tutta la vita" è un tempo davvero infinito (e forse solo le borse di Hermès sono in grado di reggere una simile responsabilità...), ma vale certamente la pena concentrarsi su pochi capi belli e intramontabili, e poi divertirsi a rinnovarli ogni stagione con piccole cose comprate nelle catene low cost.

IL SEGRETO È MESCOLARE

Questa è una grandissima verità. È tramontata – anche per via della crisi – la moda di indossare total look griffati dalla testa ai piedi, nessuno ne ha più la voglia né le possibilità economiche. Non sapete quante volte alla domanda "Ma di chi è questo abito stupendo che indossi?", ho risposto sorridendo che era di Zara, Mango o H&M. Portato con scarpe belle e una borsa firmata (dettagli che fanno la differenza), qualsiasi abito, pantalone o capo spalla può far la sua figura. Vi confesso, però, di non essere mai riuscita a trovare piena soddisfazione negli accessori low cost: ad esempio ho comprato delle scarpe che, per quanto belle, alla fine sono risultate scomode, dure o poco armoniose. Secondo me è meglio togliersi la voglia di un vestito o di una bigiotteria vistosa low cost e abbinarlo ad accessori di qualità.

Quindi la parola d'ordine è "mix" e vale per i capi cheap ed expensive, ma anche per il contrasto di stili. Mi spiego: se avete un abito austero, magari grigio o nero e di un tessuto pesante, provate a ingentilirlo con un paio di orecchini molto femminili e romantici o con delle scarpe un po' frou frou.

Se amate il look super chic di Chanel, fatto di giacchine bouclé, perle e colori pastello, abbinate alla gonnellina un po' corta degli stivali aggressivi tipo anfibi invece delle scarpette bon ton. Viceversa, se indossate un capo in pelle piuttosto strong, osate le perle o le catene Chanel (vanno benissimo anche quelle di imitazione!). Insomma non abbiate paura di essere audaci negli accostamenti: una borsa con le borchie può rivitalizzare il vostro tailleur classico che vi ha un po' stufato!

• DONNE DA COPIARE •

KATE MIDDLETON, secondo me, rappresenta un fantastico esempio di eleganza principesca. Alcune diranno: "Be', facile essere vestite bene per un'altezza reale che ha a disposizione schiere di stylist e mezzi per comprarsi tutto ciò che vuole!". Ma questa critica non regge del tutto. La principessa di Cambridge, infatti, ha perfezionato con intelligenza e determinazione uno stile che mette d'accordo le esigenze di corte (quindi abiti colorati per essere riconoscibile tra la folla, fogge piuttosto classiche, cappelli e calze) con l'età e il gusto di una bella trentenne in carriera. Se l'impareggiabile lady Diana ha impiegato almeno 10 anni per emanciparsi dallo stile reale fatto di pois e fiocchi da bambolina prima di sbocciare nei tubini di Versace e negli abiti da sera a sirena, Kate è riuscita in molto meno tempo ad averla vinta sulla temibile regina Elisabetta in merito alla lunghezza delle gonne che fanno intravedere le sue belle gambe, a sdoganare un accessorio difficile come il cappellino rendendolo moderno grazie ai capelli sciolti e ai cappottini sciancrati, a resuscitare un accessorio insidioso come le calze velate color carne che la moda aveva bandito con orrore nell'ultimo decennio. Nel Regno Unito quel che la principessa indossa diventa immediatamente sold out. E lei è molto abile ad alternare capi di alta sartoria con abiti che si trovano nelle catene low cost, accessibili a tutti. Mette in diverse occasioni gli stessi vestiti, il che ha suscitato un'immediata simpatia in un momento in cui anche i regnanti devono mostrare una certa austerità, e riesce ogni volta a distinguersi con un'immagine di raffinata semplicità.
Da copiare: i capi spalla colorati, le calze "nude look" e la perfetta proporzione fra l'altezza dei tacchi e la lunghezza delle gonne.

• *PILLOLE LOW COST* •

Oggi essere eleganti è più facile e anche più economico di un tempo. Qualche decennio fa esistevano solo due tipologie di negozi: le boutique delle grandi firme e i grandi magazzini. Oggi la moda è diventata saggiamente più democratica e le catene low cost hanno spopolato, proponendo collezioni originali sempre nuove con una qualità abbastanza buona e prezzi davvero interessanti. Tra i tanti spunti che si ispirano inevitabilmente alle idee dei grandi stilisti, l'abilità sta nello scegliere quelli meno smaccati: perché, care amiche, i capi indispensabili è meglio averli di marca – non mi stancherò mai di ripetervelo! –, ma per arricchire il guardaroba con qualcosa di modaiolo ecco dove potete andare.

H&M è il colosso svedese nato nel 1947 (allora si chiamava Hennes, che significa "per lei" visto che faceva solo abiti femminili). Apre sulla Fifth Avenue a New York nel 2000 e da lì inizia la sua ascesa in tutto il mondo. In Italia è arrivato nel 2003 e oggi vanta 2.800 punti vendita in 49 Paesi. Cifre da capogiro!

È stato il primo a fiutare l'aria diversa che tirava nel settore e a suggerire un mix equilibrato di moda, qualità e miglior prezzo. I trend del momento, le novità viste in passerella, i look lanciati dalle icone di stile o dalle attrici, vengono trasformati in modelli adatti al grande pubblico. È perfetto per chi ama vestire un po' giovane, rock e casual. I jeans, che altrove trovate a 200 euro, qui costano meno di 50. Gli accessori più divertenti, dalle collane agli occhiali, ai cappelli, sono abbordabilissimi. La forza di questa azienda si vede anche dalle collaborazioni che ha avuto (e ha tuttora) con stilisti importanti, da Missoni a Cavalli, a Versace; quando vengono inaugurate le collezioni speciali, i punti vendita sono letteralmente presi d'assalto. Ma vi assicuro che vale la pena fare un po' di coda ai camerini: ad esempio io ho comprato un abito di maglia dorata di Versace (abito icona della Maison) a meno di 100 euro.

Alzi la mano chi non ha mai acquistato qualcosa da **ZARA.** Impossibile resistere: Zara concentra nei suoi negozi – sempre strategicamente posizionati nelle zone più commerciali delle città – tutto ciò che il mondo della moda propone in passerella, ma con una rapidità e un costo alla portata di tutti. La forza di questo marchio spagnolo è proprio quella del "pronto moda": i 300 stilisti dell'azienda sono in grado di produrre collezioni nuove in 3 settimane, offrendo ai clienti una varietà e un ricambio davvero validi. Zara veste tutte le donne, dalle ragazzine alle signore: troverete gli abiti cocktail simil Valentino, le giacche destrutturate in stile Stella McCartney, le stampe floreali che richiamano Gucci o i pizzi alla Dolce & Gabbana. Se vi stuzzica un capo sfizioso visto in passerella, state tranquille che lo troverete da Zara nel giro di poco tempo. Per me Zara è una benedizione, non soltanto perché spesso sfogo lì il desiderio di shopping senza alleggerire troppo il portafoglio, ma anche perché riesco a comprare cose molto interessanti per mia figlia Benedetta.

COS è la linea fashion di H&M. Se le catene low cost hanno concesso a tutti di vestirsi con poca spesa e tanta resa (oltre che con lo zampino di grandi firme che ogni tanto collaborano), rimaneva ancora un'ultima esigenza da soddisfare: avere il capo iconico intramontabile di qualità e a prezzi popolari. E COS è il posto giusto dove trovarlo: infatti, mentre da Zara si comprano i vestitini di tendenza ed eleganti e da H&M quelli più giovani e modaioli, da COS c'è forse meno scelta ma più attenzione ai tagli e alla fattura. Qualche esempio? Il tubino, lo smoking, il pantalone, il soprabito. Qui non è di casa il fast fashion (moda veloce), ma il well ahead fashion (moda molto avanti) – come dicono i due stilisti svedesi che disegnano le collezioni – quindi abiti contemporanei, moderni, semplici e sfruttabili non solo per una stagione.

TOPSHOP è una catena inglese ed è fantastica per le tasche dei più giovani: jeans e felpe a partire da 18 euro, tantissimi accessori nuovi e di tendenza, a prezzi bassi. È stata la prima catena di negozi a dimostrare che il low cost non è sinonimo di moda inguardabile e immettibile. Purtroppo in Italia non c'è, ma se andate a Londra non dimenticatevi di farci un giro; ci sono 20 punti vendita, ma il più grande è in Oxford Street. I capi basici sono i migliori (come T-shirt, maglioni, giubbotti), e vi consiglio soprattutto gli imbottiti leggeri, belli e super convenienti, comodissimi da mettere sotto i cappotti d'inverno o come giacca nelle altre stagioni: da comprare rigorosamente nei colori più audaci!

In Italia abbiamo **OVIESSE** che di anno in anno migliora le proprie collezioni ed è super competitiva rispetto ai brand stranieri. OVS sta per Organizzazione Vendite Speciali. Nata nel 1972 e cresciuta nell'orbita della Rinascente, nel 2010 è stata acquisita dal gruppo Coin che da Upim l'ha trasformata in OVS Industry e poi semplicemente OVS, restituendole la mission originale: selezione e produzione di abbigliamento di qualità, in maniera responsabile e al giusto prezzo. Confesso che un tempo andavo da Oviesse solo per comprare la biancheria intima per i miei figli, ma ultimamente, dopo aver preso leggings e top per mia figlia Angelica che fa ginnastica ritmica, mi è caduto l'occhio su alcune proposte niente male anche per donna, uomo e ragazzo. Non a caso sempre più spesso nei redazionali di moda viene citato qualche capo di Oviesse. Insomma, vi consiglio di andare a sbirciare ogni tanto.

• DONNE DA COPIARE •

Negli anni **ALESSIA MARCUZZI** ha affinato uno stile molto originale che è frutto di un bel mix fra capi di stilisti famosi come Stella McCartney, Alberta Ferretti e Chanel, e pezzi che provengono dalle catene low cost, come H&M, COS e Topshop. In tv usa quasi sempre abiti super corti e tacchi vertiginosi per sfoggiare le lunghe gambe senza però mai risultare volgare o eccessivamente sexy, bensì divertente, ironica ed elegante. Ama i colori accesi che si abbinano bene ai suoi capelli biondi, spesso raccolti in maniera casuale, come tutte le mamme trafelate. In quelle occasioni ha spesso jeans skinny e ballerine, o tute e sneakers molto originali. Usa magliette e felpe divertenti e, quando faceva coppia con Francesco Facchinetti, amante di look un po' estremi, i due sembravano studenti in libera uscita. Anche se non li dimostra, Alessia ha quasi 40 anni, ma ha costruito un'immagine molto giovane e fresca che la valorizza, e che potete copiare sbirciando il suo blog "la Pinella", dove posta tutti i suoi outfit e pubblicizza la linea di borse che ha creato: maxi bag sbarazzine e divertenti, interessanti anche nel prezzo.
Da copiare: l'accostamento di colori mai banali, le ballerine e i pantaloni a sigaretta.

IL LARGO SMAGRISCE, LO STRETTO INGRASSA

Sembrerà un'affermazione banale, lo so, ma è verissimo. Ogni donna sogna di riuscire a infilarsi in un abito di una taglia più piccola della sua e di chiudere la cerniera senza fatica; ma, soddisfazione a parte, se il risultato è vedere le cosce strizzate come due insaccati, le pieghe sulla pancia e – orrore! – i rotolini che escono dal girovita dei jeans, meglio lasciar perdere e comprare una comoda taglia in più. Ricordatevi che, se l'abito scivola e i pantaloni non sono una seconda pelle, i difetti verranno mascherati molto meglio e alla fine sembrerete più magre.

L'ho provato sulla mia pelle indossando il modello Duncan dei miei adorati jeans Dondup che, a differenza della linea skinny che ho sempre portato, è più morbido sul sedere e sulle gambe con una vestibilità un po' più baggy: tutti mi hanno chiesto quanto ero dimagrita... In realtà la bilancia non si è spostata di un solo grammo!

PROPORZIONI & SPECCHIO

Lo specchio deve diventare il nostro migliore - e onesto - consigliere. Ma anche noi dobbiamo imparare a essere obiettive e, se necessario, spietate con noi stesse. Ricordatevi sempre che deve esserci una giusta proporzione nell'abbigliamento: giudicate voi se il vostro punto di forza è nella parte superiore (spalle, busto e décolleté) o nella parte inferiore (fianchi, gambe e caviglie), e agite di conseguenza. Tenete sempre presente che, se indossate qualcosa di attillato e piccolo sopra, sotto starà sicuramente meglio un pantalone o una gonna morbida. Se invece preferite puntare sulle gambe e mettere pantaloni molto aderenti, leggings o gonne super fascianti, dovrete abbinarli a una maglia, una camicia o una giacca che non sia altrettanto strizzata. Semplice, no? Allora ora provate un look completo e guardatevi allo specchio: com'è l'insieme?

GIOIELLI & BIJOUX

Non è più tempo di sfoggiare gioielli a profusione. In primo luogo perché i gioielli invecchiano parecchio e fanno subito gran dama, e poi perché in un periodo di crisi sono poche le donne che possono permetterselo. Io trovo sempre molto chic avere dei piccoli brillanti alle orecchie (anche non troppo piccoli... Ecco, se potete investire in un gioiello, io punterei su quello!): vanno bene da giorno e da sera, illuminano il viso, non sono invadenti né sfacciati; stanno bene con tutto, sia alle giovanissime sia alle donne più mature.

Le collane bisogna saperle portare: a me piacciono moltissimo, ma spesso più addosso alle altre che su di me. La collana lunga è femminile e seducente, ravviva un dolcevita o una camicia semplice, ma non abbinatela mai a degli orecchini pendenti perché l'insieme diventa eccessivo.

Se vi piacciono gli orecchini importanti, usateli rigorosamente da soli, faranno molta più scena.

Quanto agli anelli, io li adoro grandi (in particolare, quelli d'oro fatti a fascia sono la mia passione), ma trovo che il massimo dello chic sia sfoggiare una bella mano curata e abbronzata, con un solo dito ingioiellato e l'anulare con la fede e l'anello di fidanzamento.

TRUCCO & PARRUCCO

Da giovanissime ci si trucca molto per sembrare più grandi, quando si è grandi ci si trucca (o meglio, ci si dovrebbe truccare) molto poco per non sembrare più vecchie... Il trucco è una pericolosa arma a doppio taglio: se usato bene, valorizza la bellezza di un viso e corregge i difetti (basta notare come appaiono le dive quando vengono paparazzate al naturale...), ma inevitabilmente tende ad appesantire i lineamenti e ad aggiungere anni. Con il passare del tempo vi consiglio, quindi, di diminuire le dosi di fondotinta, ombretto e rossetto fino a mettere a punto un trucco leggero ma luminoso che dia uniformità alla pelle senza sembrare una maschera. Il motto è "evitare i contrasti forti": via i colori accesi dalle guance e dalle palpebre, usate un correttore illuminante sotto gli occhi e intorno al naso e bandite la matita per le labbra.

Sì ai rossetti tenui, alle sopracciglia curate e al mascara a tutte le età.

No al trucco permanente.

Quanto ai capelli, più si va avanti con gli anni più bisognerebbe accorciare le lunghezze per evitare l'effetto "dietro liceo, davanti museo"... Ci sono però donne che hanno la fortuna di avere i capelli belli, forti e folti anche in età avanzata, beate loro! L'importante è che chi non li ha non si metta a imitarle con extension improbabili o con parrucche che si riconoscono lontano un miglio e invecchiano terribilmente. Io penso sia molto più chic un caschetto di capelli naturali che un parruccone immobile da Barbie platinata o da Morticia Addams.

Ricordatevi che, dopo una certa età, il fascino di una donna dipende da uno sguardo, una mano fra i capelli, un sorriso con bei denti e qualche ruga intorno alla bocca, piuttosto che da un'immagine fintamente perfetta e botulinizzata. Per farvi un esempio: quanto è bella e chic Inès de la Fressange con i suoi 54 anni, i capelli spettinati e naturali, i jeans e una camicia bianca? La semplicità e la naturalezza vincono sempre sugli eccessi della chirurgia plastica o su un'immagine accessoriata e patinata in maniera eccessiva. Non è un caso che perfino l'ultimo tabù sia stato abbattuto: i capelli grigi ora vanno di gran moda e bisogna ammettere che donano al viso molto più del giallo polentina o del nero corvino delle tinte. Gli uomini con i capelli brizzolati sono molto affascinanti, è ora di dimostrare che possiamo esserlo anche noi! Però, se posso darvi un consiglio da amica, fate questo passo solo se vi fa sentire bene e se, guardandovi allo specchio, vi piacete.

• DONNE DA COPIARE •

AFEF, ovvero la regina del lusso non ostentato. I ricci di Afef sono meravigliosi, ma sono difficili da replicare se non si è come questa splendida cinquantenne che sembra sempre una ragazzina. A Milano la si può incontrare mentre sfreccia in bicicletta per le vie del centro, in jeans e giacca sportiva, stivali con il tacco basso, borse grandi e senza logo. D'estate, sfoggia un fisico pazzesco in barca a vela con bikini in tinta unita e calzoncini da vela, antipaparazzo. Non ha mai un accessorio di troppo: su di lei anche una camicia bianca e un pantalone risultano raffinati, degli shorts (non troppo corti, ovviamente) e una maglietta bianca diventano chic. Per non parlare degli abiti da sera mai eccessivamente sontuosi - di solito indossa Alberta Ferretti, Valentino, Cavalli - che diventano speciali incorniciati dalla sua chioma, inconfondibile e naturale, e dalla grazia delle sue belle braccia.
Da copiare: il viso con pochissimo trucco, jeans e mocassini.

TINTA UNITA & FANTASIA

Partiamo da due certezze: con la tinta unita non si sbaglia quasi mai, e vestirsi con le fantasie è decisamente rischioso. Io preferisco di gran lunga la prima scelta, forse per l'abitudine a lavorare in tv dove le fantasie disturbano parecchio in video, ma anche perché trovo che la tinta unita sia comunque più elegante. Aggiungo, però, che ammiro molto quelle donne (le vere trend setter) che nei loro look riescono a mescolare armoniosamente i disegni più improbabili con un effetto finale fashion. Io non ne sono capace. Ad esempio, oggi si usa molto indossare insieme diverse fantasie di animalier, ma, fidatevi, se non siete Eva Erzigova o Kate Moss, è difficile che il risultato sia elegante. Altro consiglio spassionato: di solito il capo dalla fantasia molto eccentrica vi stancherà più in fretta di un abito in tinta unita.

Detto ciò, la regola più facile e sicura da seguire è unire un capo fantasia al resto del look basato su un unico colore. Se amate il maculato (io lo adoro, ma sempre a piccole dosi), basta che lo accostiate al nero, al marrone o al grigio. Dico sì anche al cappotto stravagante, purché sotto ci sia un total look monocromatico.

Le righe sono una mia passione. La T-shirt bianca a righe blu con maniche lunghe non può mancare in un guardaroba estivo. Sta bene anche sotto i maglioni se fa capolino dai polsi e sulla vita.

I pois sono un po' più leziosi e femminili, ma per un abitino primaverile o una bella camicia sono perfetti. Magari sceglieteli in un abbinamento meno scontato del bianco e blu: ricordate Julia Roberts in *Pretty Woman* quando si presenta alle corse di cavalli con un abitino marrone a pois bianchi e una pamela (cioè un cappello di paglia con cupola cilindrica a tesa ampia) chiara in testa? Deliziosa, da copiare subito!

• DONNE DA COPIARE •

Il nero, si sa, assottiglia, e col nero difficilmente si sbaglia. Ecco perché molte signore della televisione e del cinema amano vestirsi di nero con risultati quasi sempre positivi. Se volete qualche ispirazione guardate ad esempio **ILARIA D'AMICO,** che sfoggia un campionario di vestitini neri scollati quando si occupa di calcio, più castigati in versione intervistatrice politica. Fisico imponente, gambe lunghe e magre e generoso décolleté, Ilaria sta benissimo anche in jeans e giacca nera, altro abbinamento che usa spesso, e negli abiti da sera fascianti a sirena come quello di Versace sfoggiato sul palco dell'Ariston come ospite del Festival di Sanremo del 2013.
L'unico appunto che le si può fare è che, avendo anche una lunga e folta chioma nera e indossando quasi sempre accessori neri (scarpe e stivali con il tacco e grandi borse), il rischio di sembrare Morticia Addams è dietro l'angolo. Secondo me ogni tanto potrebbe osare anche una camicia chiara o un colore deciso che spezzi la monocromia.
Da copiare: la carnagione molto chiara e il look total black.

IL PIACERE DI VESTIRSI

In fin dei conti ricordatevi che vestire con stile ed eleganza deve essere un piacere (non una fatica!), e soprattutto dovete farlo per voi stesse e non per gli altri. Questo, al di là della bontà e dell'efficacia di tutti i consigli che si possono dare, è il vero segreto dell'eleganza. E vi assicuro che nel momento in cui voi vi sentite bene, a vostro agio, il mondo intero se ne accorge perché una luce particolare traspare dal vostro volto, ma anche dai gesti e dalla postura.

• DONNE DA COPIARE •

LETIZIA ORTIZ può ancora migliorare. E magari ingrassare qualche etto... Troppo condizionata dalla moda super paludata della suocera, la regina Sofía (che non brilla certo per stile), dà il meglio di sé nell'abbigliamento casual e nelle immagini che la ritraggono in vacanza con le sue bambine, quando sembra una mamma normale con jeans e camicia lunga, maglioncini e scarpe basse. Negli outfit da cerimonia a parer mio è spesso troppo rigorosa, ingioiellata e laccata, come se dovesse dimostrare di essere diversa da quello che è sempre stata, prima di sposare il principe Felipe, cioè una donna giovane, bella e di successo, che per anni ha lavorato come giornalista nella tv spagnola. Fare la principessa non deve essere certo semplice, con tutti gli occhi puntati addosso e i mille obblighi del cerimoniale da rispettare, ma ormai siamo nel terzo millennio, e i reali di oggi per non risultare anacronistici devono mantenere un profilo impeccabile ma non troppo distante dalla gente: questo vale per le parole, lo stile di vita e il look.
Da copiare: la spontaneità e la luce che ha nei momenti familiari, e che dovrebbe riuscire a sfoggiare anche nelle occasioni istituzionali.

• L'ALBUM DEI RICORDI •

A 16 anni, chi di voi non ha sognato di fare la modella? Io non sono da meno... I vestiti mi sono sempre piaciuti e da ragazzina, quando ancora vivevo ad Alessandria, mi sono fatta fotografare da un mio amico (che oggi è un noto e bravissimo medico) in pose "ispirate", sfoggiando un abito di velluto nero impreziosito da una specie di sciarpa di tulle a pois neri. Ovviamente la scelta della mise era mia: coraggiosa, no?
Negli anni dell'università a Milano mi è capitato più volte di lavorare negli showroom come modella e di fare alcune sfilate ma, diciamolo, non era proprio il mio mestiere...

0-24

2

DIMMI COME SEI E TI DIRÒ COME VESTIRTI

I FIANCHI LARGHI • UN PO' DI PANCETTA E SENO ABBONDANTE
LE GAMBE ROBUSTE • LE GAMBE LUNGHE E MAGRE, CON POCA VITA
SENO GRANDE, SENO PICCOLO • IL CORPO DELLA CURVY
SPALLE SQUADRATE, SPALLE SPIOVENTI • IN DOLCE ATTESA

Potendo scegliere, a seconda dei gusti, ci piacerebbe avere il fisico di Heidi Klum, la modella tedesca che a 40 anni e 4 figli sfila ancora in bikini, quello sinuoso e provocante di Naomi Campbell, o quello androgino di Kate Moss. Ma la maggior parte di noi comuni mortali riceve in sorte un corpo con caratteristiche diciamo un po' meno perfette. Non siamo tutte uguali (questa è una dura verità) e quindi non a tutte stanno bene gli stessi vestiti. Però ognuna di noi può rivendicare il diritto di trovare il look giusto, che esalti il suo fisico e che la faccia sentire bella. Fortunatamente ci sono infinite variazioni sul tema e, se ci dotiamo di un po' di sano (non distruttivo!) senso critico e di un pizzico di creatività e fantasia, riusciremo a individuare il nostro outfit ideale. Io, conscia dei miei difetti (che non svelerò mai…), cercherò di darvi qualche suggerimento e qualche piccolo trucco!

I FIANCHI LARGHI

La donna mediterranea tende ad avere i fianchi abbondanti e la vita sottile, e vi prego di non considerarlo un difetto: infatti, donne magnifiche come Sofia Loren e Gina Lollobrigida ne hanno fatto il punto di forza del loro fascino. Però capisco che, se ai fianchi un po' larghi si unisce una silhouette non proprio sottile e un posteriore importante, diventa più complicato vestirsi. Ma non impossibile, ricordatevelo! Basta guardare Michelle Obama. L'affascinante moglie del presidente degli USA può insegnare molto: è una donna di 49 anni, alta 180 centimetri; non è dato sapere la sua taglia ma di recente è stata assai poco educatamente definita "culona" dall'allenatore di un liceo dell'Alabama, subito redarguito con una sospensione temporanea.

SÌ: STILE ANNI '50
NO: ABITI FASCIANTI

Non vorrei incorrere anch'io in una sanzione punitiva ma, pur ammirando da sempre il look della first lady, credo di poter affermare che non sia proprio un fuscello. Eppure la signora Obama ha messo a punto un look che la valorizza perfettamente. Volete sapere quale? Uno stile anni '50 fatto di: gonne a ruota e cinture a sottolineare il punto vita; abiti sbracciati e scollature a barchetta per mostrare la sua parte migliore, spalle e braccia; cappotti e spolverini morbidi sopra gli abiti, spesso completati da golfini piccoli e twin-set; toni accesi che esaltano il colore della sua pelle; décolleté ai piedi con 4 centimetri di tacco che slanciano senza alzare troppo, anche perché lei non ne ha proprio bisogno. E pazienza per la frangetta da crisi di mezza età che non le dona molto, è comunque una donna, anzi un donnone, che ha sdoganato con stile il fisico abbondante. Io la trovo sempre perfetta, tranne quando indossa i pinocchietti, che, credetemi, è meglio lasciare a Pinocchio. D'altronde non stanno bene a nessuno!

UN PO' DI PANCETTA E SENO ABBONDANTE

Lo stile impero è il vostro! Questa moda fatta di abiti con la vita molto alta appena sotto il seno nasce alla corte di Napoleone Bonaparte all'inizio dell'Ottocento e viene lanciata da sua moglie l'imperatrice Giuseppina. Consisteva in abiti fatti a tunica (all'epoca per lo più color bianco virginale) con un corpino fermato sotto il seno da un nastro o una cintura, una scollatura profonda, in alcuni casi le maniche a palloncino e una gonna che partiva da sotto il seno dritta e fluida.

SÌ

NO

SÌ: ABITI IN STILE IMPERO
NO: MAGLIE TROPPO STRIZZATE

Probabilmente anche Giuseppina di Beauharnais, donna sensuale e affascinante, aveva qualche difettuccio da nascondere: quando conobbe Napoleone, più giovane di lei di 6 anni, aveva già avuto un marito e due figli, e forse un po' di pancetta che stentava a rientrare negli abiti troppo strizzati. Ma, con il punto vita molto alto che mette in mostra il seno rigoglioso, il ventre viene abilmente nascosto. Pazienza se poi Giuseppina dovette divorziare perché non riuscì a dare al marito il tanto sospirato erede maschio. Lei passò comunque alla storia come una splendida donna, anche se con un po' di pancetta!

LE GAMBE ROBUSTE

Questo è un difettuccio che si può facilmente nascondere con alcuni accorgimenti.
Evitate i pantaloni a vita bassa e stretti (che per altro non vanno neanche più di moda) e lanciatevi sui pantaloni a vita alta e morbidi sulla gamba.

Se usate le gonne, mettete calze opache e scure: le più smagrenti in assoluto sono le grigie antracite.

Non usate i tacchi troppo alti perché ingrossano il polpaccio, in particolar modo quelli a spillo. Vi conviene optare per un tacco più solido (per altro di gran moda nelle ultime collezioni), e vedrete che la gamba sarà più proporzionata e apparirà più sottile, soprattutto se abbinate le scarpe a un abito morbidamente svasato o a una gonna non troppo aderente sulle cosce.

SÌ

NO

SÌ: PANTALONI AMPI O GONNE LUNGHE
NO: PANTALONI O GONNE ADERENTI

Banditi gli stivali a guanto anche se vi diranno che assottigliano le gambe: non è vero! Cercate piuttosto un modello largo e comodo con il tacco che potrete indossare con vestiti non troppo aderenti.

Avete presente Kate Winslet? L'attrice premio Oscar è grande oppositrice dell'uso dissennato della chirurgia estetica e va fiera delle sue gambe tornite, oltre che del suo décolleté naturale e decisamente abbondante.
Ricapitolando: pantaloni a vita alta morbidi per l'inverno, abiti e gonne lunghe per l'estate.

LE GAMBE LUNGHE E MAGRE, CON POCA VITA

E voi direte: "Ma che difetto è? Tutte vorremmo avere gambe lunghe e magre!". Eppure vi garantisco che se non avete anche un busto e una statura proporzionati può essere un difetto non da poco e soprattutto un particolare che rende il corpo poco femminile e molto "secco".

La moda ideale per voi è quella anni '70: pantaloni a vita bassa, cinture larghe appoggiate sui fianchi, scarpe basse oppure gonne molto corte da abbinare a calze pesanti e stivaletti alla caviglia.

SÌ

SÌ: GIACCA MORBIDA E CINTURA
NÌ: PREMESSO CHE È IMPOSSIBILE TROVARE UN VERO E PROPRIO NO, L'IMPORTANTE È EVITARE L'EFFETTO GRISSINO

NÌ

Sopra la gonna o il pantalone potete indossare una piccola giacca dalla forma a sacchetto, dritta, che non segni in vita (il modello Chanel, per intenderci); è perfetta anche con i jeans e le ballerine.

Maria Grazia Cucinotta rappresenta uno splendido esempio di questo "difettuccio": infatti lei è perfetta quando indossa i pantaloni a sigaretta dalla linea pulita con sopra giacche o bluse morbide. Copiatela e non sbaglierete mai.

SENO GRANDE, SENO PICCOLO

Ci sono donne che si disperano per la mancanza di un seno prosperoso; io che ho una terza bella piena lo trovo fin troppo grande per i miei gusti e ritengo invece terribilmente chic e molto più comodo il seno piccolo e quasi piatto. Potete aumentarlo con l'uso sapiente di un reggiseno push-up per qualche occasione speciale, ma nella vita di tutti i giorni non è molto meglio usare i reggiseni a fascia che vi permettono di indossare bluse e maglioni con scolli più ampi dai quali può uscire sensualmente la spalla senza l'orrida visione delle spalline del reggiseno?

Altro vantaggio: potete indossare vestiti a fascia o camicie con scollature piuttosto profonde senza mai risultare volgari. Potete mettere abiti da sera con la schiena nuda senza reggiseno. Potete osare le scollature totali senza mostrare un davanzale dove si potrebbero appoggiare i gerani... Insomma, se ci pensate bene, è molto più comodo e raffinato avere poco seno. Da ultimo, con il passare degli anni non dovrete subire il dramma dell'inesorabile caduta gravitazionale verso il basso delle vostre rotondità. Vi ho convinto?! Se siete ancora incerte, guardate com'è stilosa Carla Bruni, fiera della sua prima di reggiseno.

SÌ: ABITO A FASCIA PER IL SENO PICCOLO
NO: ABITO A FASCIA PER IL SENO GRANDE

Il seno perfetto deve stare dentro una coppa di champagne, si diceva un tempo, prima dell'invasione delle pettorute soubrette televisive. Se proprio avete un seno brutto e che vi fa sentire a disagio, potete rifarvelo – non sono assolutamente contraria a correggere i difetti con la chirurgia se questo può migliorare la vita e il rapporto con il proprio corpo –, ma fatevi al massimo una seconda!

IL CORPO DELLA CURVY

Curvy è un termine decisamente più glamour coniato dal mondo della moda per definire le donne dalle curve abbondanti che qualcuno, un po' sfacciatamente, chiama "culone" o "tettone". È meno offensivo, ma non cambia la sostanza del problema: sono ben diverse dalle modelle che sfilano sulle passerelle, ma guarda caso rappresentano la tipologia più comune di donne a cui la moda dovrebbe rivolgersi. Il 33-35 per cento delle italiane è oltre la taglia 46, il che vuole dire che circa 10 milioni di donne difficilmente riescono a trovare qualcosa di adatto a loro nelle normali boutique di abbigliamento. Per fortuna molte aziende hanno creato linee dalle taglie comode con abiti morbidi ma femminili, e non è un caso che, nella crisi generale che negli ultimi anni ha colpito anche il settore dell'abbigliamento, i marchi dedicati a questo target siano gli unici ad avere aumentato il proprio fatturato.

NO

SÌ: BLUSE MORBIDE IN TINTA UNITA
NO: ABITI STRETTI E CON PICCOLA FANTASIA

SÌ

Insomma si può essere tonde ed eleganti allo stesso tempo, e non sta scritto da nessuna parte che per avere fascino e sex appeal sia necessario essere una 42. Daniela Fedi e Lucia Serlenga, due care amiche giornaliste ed esperte di moda, hanno scritto un delizioso e utilissimo libro che si intitola *Curvy, il lato glamour delle rotondità*, che ha un incipit che mi piace ricordare: "Gli uomini si dividono in due categorie: quelli che amano le tonde e gli altri. Basta organizzarsi l'agenda".

E allora, care amiche curvy, per darvi qualche consiglio utile su come vestirvi mi ispiro alle lezioni che mi avevano dato Daniela e Lucia ospiti nel mio programma su La7.

- Innalzatevi il più possibile sui tacchi, perché ogni centimetro di tacco toglie un chilo di peso.
- Il segreto sta tutto nella scelta del reggiseno. E il segreto del buon reggiseno sta prima nella spallina e poi nella coppa, che deve raccogliere il seno nella sua centralità grazie al sottoseno, una fascia di tessuto rigida ma non troppo. L'incavo tra le due mammelle deve essere largo al massimo 2 centimetri perché solo così l'indumento sarà perfetto.
- Una volta sistemato il seno, bisogna occuparsi di quello che c'è intorno. È inevitabile che fuoriesca qualcosa e allora bisogna rivolgersi al corsetto o al bustino. Costa più di un semplice reggiseno ma vi durerà una vita, oltre a cambiarvela...
- Non sta scritto da nessuna parte che bisogna vestirsi di nero perché smagrisce. Si possono tranquillamente usare le fantasie, magari non a disegni piccolissimi perché si perderebbero tra le curve. Meglio puntare su un motivo floreale o geometrico grande che abbia carattere, piuttosto che ricoprirsi di disegnini.
- Uno dei vantaggi di essere curvy è che si possono sfoggiare gioielli o bijoux decisamente appariscenti. Puntate su una cosa sola (orecchino o collana o bracciale), ma esagerate pure!
- Le amiche più fedeli di molte attrici di Hollywood sono le mutande preformate. Non lo ammetteranno mai, ma anche Eva Longoria, Jessica Alba e Gwyneth Paltrow usano le micidiali Spanx lunghe fino a metà coscia e alte fin sotto il seno. L'alternativa più gestibile per simili evenienze è la mutanda contenitiva. La prima a sdoganarla è stata Bridget Jones nell'omonimo delizioso film in cui era coinvolta in un focoso amplesso con il suo odioso capoufficio (interpretato da Hugh Grant), che non sembrava affatto dispiaciuto di dover espugnare una simile corazza. Quindi fate attenzione perché, indossando una lingerie del genere – sebbene assai poco attraente –, potrete togliervi una taglia e dare il via a un inatteso gioco erotico.

  Lasciando da parte il vecchio mutandone della nonna e senza andare fino in America, oggi anche le aziende italiane puntano molto sulla lingerie contenitiva e sexy, che spiana la pancia a meraviglia. Si farà forse un po' fatica a infilarle ma vi assicuro che poi, sopra queste mutande, il tubino scivolerà come se foste a digiuno da una settimana...

SPALLE SQUADRATE, SPALLE SPIOVENTI

Io ho ereditato dalla mia famiglia spalle molto larghe e squadrate che sono un bel vantaggio d'estate perché valorizzano qualsiasi vestito con la scollatura totale o all'americana, mentre talvolta d'inverno sono un po' scomode se imbrigliate sotto giacche o vestiti con un giromanica stretto. Quando negli anni '80 si usavano i maglioni con le spalline imbottite, io, che ovviamente non volevo rinunciare a essere alla moda, sembravo un giocatore di rugby in assetto da placcaggio!

Il problema delle spalle spioventi è facilmente superabile usando per il giorno le giacche un po' strutturate invece dei maglioni (oggi vanno di gran moda le giacche dalle spalle insellate che in questo caso sono perfette), mentre per la sera potete sbizzarrirvi con degli abiti che abbiano piccole maniche o, ancora meglio, maniche a palloncino. Io li trovo molto femminili e romantici, ma purtroppo non riesco proprio a metterli.

SÌ

SÌ: SCOLLO ALL'AMERICANA SU SPALLE SQUADRATE
SÌ: MANICA A PALLONCINO SU SPALLE SPIOVENTI

IN DOLCE ATTESA

Anni fa gli abiti pre-maman erano d'obbligo per le donne incinte, e francamente erano piuttosto bruttini! Durante la mia prima gravidanza ricordo di aver comprato dei vestitoni enormi con le ruches e improbabili fantasie a fiorellini, che alla fine non ho mai messo. Oggi le donne sono molto più disinvolte e pratiche e riescono ad adattare benissimo gli abiti di tutti i giorni alle dolci curve della maternità, senza dover spendere in più per abiti da usare solo per qualche mese.

SÌ: ABITI E MAGLIE IN STILE IMPERO
NO: TACCO 12 E ABITO STRIZZATO

Sono due le tipologie base da sfruttare: gli abiti in stile impero, che valorizzano il seno e scivolano morbidi sui fianchi, oppure i pantaloni elasticizzati tipo leggings (di tessuto un po' coprente, naturalmente) con bluse, maglioni o camicie che scendono fino a metà coscia. Questo è un look moderno, facile ed elegante a seconda dei tessuti che sceglierete, e ha il vantaggio di poter essere utilizzato anche subito dopo il parto per poter mascherare i chiletti che ancora si devono smaltire.

Per quanto riguarda il look da spiaggia, ci sono donne che hanno la fortuna di ingrassare poco e solo sulla pancia e possono permettersi di continuare a indossare il bikini anche al nono mese. Io trovo comunque più elegante e sobrio proteggere quel dono meraviglioso che portiamo in grembo con un costume intero.

3

GLI INDISPENSABILI

IL JEANS • LA CAMICIA BIANCA • IL MAGLIONE DI CACHEMIRE
IL TUBINO NERO • IL PANTALONE NERO
IL GIUBBOTTO DI PELLE • IL TRENCH
IL CAPPOTTO

Ecco i miei "indispensabili", i miei vestiti tirati fuori dall'armadio e indossati per un divertentissimo servizio fotografico che abbiamo realizzato a casa mia. Ma che fatica… Non tanto per scegliere gli abbinamenti e indossarli, quanto poi per rimettere a posto il caos di abiti, accessori e trucchi che si è accumulato nella mia camera da letto!
Uno dei segreti per essere eleganti è anche saper tenere bene i vestiti e riporli in ordine dopo averli usati. A volte è proprio questo che fa la differenza. L'ideale sarebbe avere uno spazio adeguato dove custodirli; non sempre si ha a disposizione un'ampia cabina armadio ma, in ogni caso, anche in soluzioni più ristrette ci vuole razionalità e metodo per sistemare i capi e ritrovarli quando servono, possibilmente non spiegazzati e impossibili da indossare se non dopo un'intensa seduta di stiro. Io sono favorevole allo schema utilizzato da Carla Gozzi che nel suo delizioso programma Il guardaroba perfetto *divide i capi a seconda delle occasioni in cui verranno usati: quelli per tutti i giorni (lavoro e tempo libero), quelli un po' più formali (per uscire la sera) e quelli decisamente eleganti. In questo modo, quando aprite le ante del vostro armadio, avete subito la visione d'insieme di quale vestito vi servirà. Io litigo sempre con mia figlia grande (18 anni) perché dopo ogni cambio lascia le cose appallottolate per terra e, quando nella sua stanza si accumula una considerevole quantità di felpe, jeans e magliette, le ricaccia nell'armadio così come sono. Bisogna avere cura degli abiti, anche di quelli meno costosi. Metterli a posto piegati e puliti. Riordinarli spesso così da scartare quelli che non si portano più. La mia regola è che se per 2 anni non ho mai usato un capo, allora posso anche farne a meno (regola che non vale per gli abiti da sera e per i cappotti, mi raccomando!). Ed è così che ritorniamo al concetto iniziale: meglio poche cose ma belle e sfruttabili. E per darvi degli spunti, ecco i capi immancabili nell'armadio di ogni donna!*

CAPPOTTINO CORTO DI LANA

PANTALONI IN JERSEY

STIVALETTI LUCIDI

BORSA COLORATA CON MANICI

BERRETTO DI LANA CON PAILLETTES

IL JEANS

Qui, care amiche, valgono assai poche regole.

Il jeans deve starvi bene addosso, indipendentemente dalla moda e dalle tendenze. Dev'essere adatto al vostro fisico e farvi sentire a vostro agio. Io ne ho di ogni forma e colore, li uso tantissimo e li adoro.

Quelli più stretti mi piacciono perché vanno con tutti i tipi di scarpe: ballerine, mocassini, stringate, stivali bassi; la sera sono fantastici con i tacchi.

Quelli più larghi si abbinano perfettamente a un paio di sandali alti per slanciare al meglio la silhouette (ricordatevi sempre di controllare l'effetto finale mettendovi davanti allo specchio).

I jeans indossati con una camicia bianca e un maglione sulle spalle sono la classica divisa da viaggio o da giorno comoda e chic; con una giacca e accessori più eleganti vanno benissimo anche per la sera.

L'unico consiglio che mi sento di darvi è: usate jeans "normali", tinta unita, senza strani tagli, inserti, borchie o impunture che non siano più che classiche. Quelli strappati, bucati, macchiati o, peggio ancora, impreziositi da strass e pietre (e chi più ne ha più ne metta...) li lasciamo alle teenager o alle divette di cinema e tv, perché, in qualsiasi modo li abbinerete, non saranno mai eleganti quanto un bel paio di jeans color jeans, per l'appunto.

LA CAMICIA BIANCA

Io non potrei vivere senza una camicia bianca. Lo so, sembra banale, e bisogna anche ammettere che è un po' scomoda perché basta indossarla mezza giornata ed è da lavare, però la camicia bianca è indispensabile in ogni guardaroba e utilizzabile in mille modi. Ecco come potete gestirla.

- Con una bella cintura in tono con scarpe o stivali.
- Io quando non so cosa mettermi – ebbene sì, capitano anche a me le maledette giornate in cui mi sembra che niente mi stia bene... – la indosso con un paio di jeans e una giacca un po' lunga, oppure sotto un cardigan fasciante.
- Se usate delle scarpe con il tacco e una camicia di seta, diventate subito più eleganti. Con l'aggiunta di un capo spalla piccolino e di una bella borsa, siete pronte anche per la sera.
- Se la camicia è un po' speciale, magari tipo blusa, senza collo e leggermente over size, potete abbinarla a una gonna aderente a vita alta e completarla con una cintura piccola a contrasto. Scarpe rigorosamente nere.
- Look maschile molto chic: camicia bianca rigorosissima (magari anche con i gemelli), pantalone scuro con le pinces, maglioncino leggero a V di cachemire, scarpa stringata. Se volete creare un contrasto stupendo e di grande effetto, indossate dei tacchi vertiginosi e lasciate giù i capelli: rimarranno tutti a bocca aperta.

IL MAGLIONE DI CACHEMIRE

So bene che i maglioncini di cachemire sono più costosi di qualsiasi altro filato, sono molto più delicati da lavare e spesso tendono a fare i pallini, ma, se li tenete con cura e non li usate tutti i santi giorni, vi accompagneranno per una vita, a patto che scegliate la forma e il colore giusto.

Personalmente io ho una passione per quelli leggeri con lo scollo a V; li trovo perfetti per uno stile informale sopra una T-shirt bianca che spunta dalla scollatura; sportivi ma raffinati appoggiati sulle spalle sopra una camicia bianca; sensuali se messi a nudo (purché ci sia un po' di abbronzatura sul décolleté); comodissimi sotto un tailleur se fa freddo. Insomma buoni per tutte le stagioni.

Se volete comprare un cachemire, il mio consiglio spassionato è di non sceglierlo bianco perché si sporca troppo in fretta e dovreste poi lavarlo in continuazione (cosa che non aiuta il filato), ma nemmeno di un colore troppo acceso e di moda perché vi stuferà prestissimo; optate quindi per un color sabbia, nero, blu o grigio, e il vostro maglione durerà molto di più.

Non sceglietelo troppo attillato, è molto più chic averlo un po' morbido sui fianchi o addirittura rubare quello del marito, fidanzato o fratello e indossarlo con i pantaloni a sigaretta o i leggings. I top della gamma sono i cachemire di Loro Piana e Brunello Cucinelli, ma se non volete spendere una fortuna, c'è Falconeri.

Il piacere di avere addosso un indumento di cachemire è veramente sublime: se invece del maglione volete usare un abito, Laura Biagiotti propone fantastici abiti-pull e stilosissime tute di cachemire, irresistibili e intramontabili.

IL TUBINO NERO

È il passe-partout di qualsiasi guardaroba o valigia, il capo più sfruttato dalle donne, il più classico abito formale. L'importante è non renderlo noioso...

Bisogna sceglierne uno che calzi a pennello: non troppo stretto se c'è qualche chiletto in più su pancia e fianchi; non troppo scollato perché va bene in estate quando siamo abbronzate ma d'inverno involgarisce; non troppo corto. Meglio senza spacchi e senza maniche; se avete problemi di braccia rotondette, si può sempre aggiungere un piccolo cardigan nero.

Un filo di perle fa madama, ma tante perle insieme anche di dimensioni diverse (e rigorosamente false!) fanno moda. Mettetele sul tubino nero, usate dei leggings coprenti neri per smagrire le gambe e usate una scarpa anche un po' aggressiva, con dettagli metallo o tacco scultura.

Il classico tubino anni '50 si completava con una spilla: se ne avete più di una, per una serata importante può essere divertente decorare la parte alta dell'abito oppure fissare una sola broche rotonda in vita, ma sempre laterale.

Calze spesse o velate? Se preferite le spesse, che lo siano davvero; per le velate dovete avere delle gambe perfette. Io ho una passione per i leggings e li uso con il tubino e le Belle de jour di Roger Vivier, tacco 4, con la caviglia in vista: *très chic*.

Non mettete il tubino nero con lo stivale con il tacco, a meno che l'abito non sia di un tessuto molto sportivo e per un look da giorno. Se volete essere più modaiole e avete delle gambe snelle, vi do due suggerimenti glamour: indossate un bel sandalo con il tacco alto (ma non sottilissimo) e un paio di calzini corti alla caviglia, oppure provate ad accessoriarlo con un paio di collant di un colore forte. Una volta ho incontrato nello studio dove registrava mia sorella una ragazza che aveva un morbido abito nero, delle francesine con il tacco e pesanti calze color zafferano: vi posso assicurare che stava benissimo!

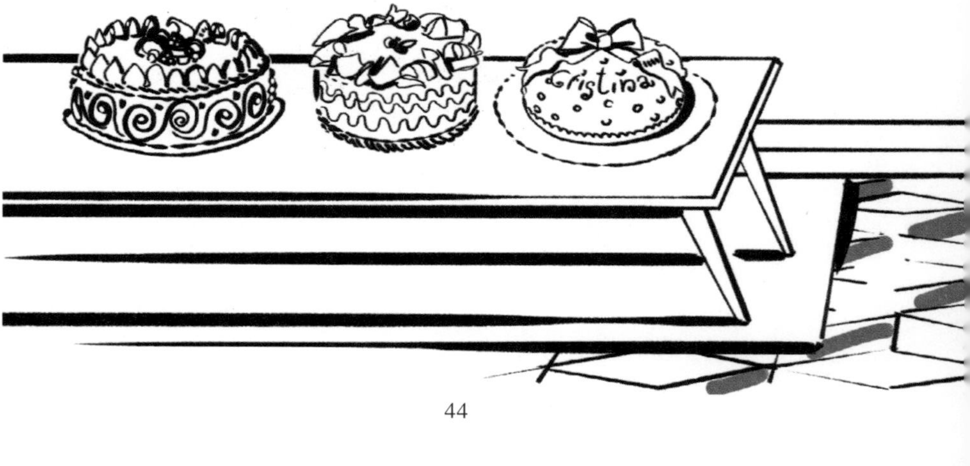

IL PANTALONE NERO

È una divisa che non può mancare nel vostro armadio. Il pantalone nero è anche il miglior amico delle donne, il capo che nasconde meglio i chiletti di troppo, la forma non perfettamente slanciata delle gambe o i fianchi un po' morbidi. L'ideale sarebbe averne un paio d'ispirazione più sportiva – sia come tessuto sia come forma più asciutta – ma anche uno elegante di gabardine con la gamba larga, da mettere con i tacchi.

Le combinazioni sono davvero infinite. Io vi do giusto qualche esempio:

- classico, con camicia bianca;
- alternativo, con camicia fantasia e maglioncino;
- rassicurante, con twin-set colorato di maglia;
- bon ton, con blusa a girocollo e collana di perle;
- rock, con T-shirt e giacca di pelle;
- maschile, con camicia da uomo button down e giacca;
- elegante, con tacco alto e top prezioso;
- chic, con dolcevita nero e un bel paio di orecchini importanti;
- etnico, con blusa di suede e collane colorate;
- sexy, con un sandalo gioiello e una camicia di chiffon trasparente;
- modaiolo, a vita alta con blusa over a disegni geometrici e spolverino nero;
- sportivo, con polo colorata e maglione di cachemire in tinta sulle spalle;
- sempreverde, con maglia girocollo nei toni chiari del beige, cintura e scarpe abbinate...

Ok, fermatemi perché potrei andare avanti ancora per ore!

IL GIUBBOTTO DI PELLE

Un tempo si chiamava "chiodo" ed è diventato simbolo di machismo e sex appeal dopo aver rivestito la canotta e i muscoli di uno splendido Marlon Brando nel film *Il selvaggio*. Care amiche, non dimenticate però che il giubbotto di pelle non è solo la storica divisa dei motociclisti, ma può essere anche un capo ultra femminile, molto chic, e incredibilmente facile da indossare.

È importante che la pelle sia morbida e leggera (evitate quelli duri come una corazza), che non sia troppo corto sui fianchi (il bolerino sta bene a pochissime!) e che non sia troppo accessoriato (ad esempio di zip o, peggio ancora, di borchie e spuntoni). Il giubbotto di pelle nera con una cerniera dritta oppure obliqua, senza collo, di solito sta bene a tutte – be', diciamo dai 60 anni in giù... – e fasciando braccia e spalle è molto più sexy e particolare di una semplice giacca nera o di un maglione.

È fantastico in primavera e autunno, pratico da portare in valigia e comodo per le gite fuori porta o le scampagnate in bicicletta.

Lo si abbina:

- rigorosamente ai pantaloni (le gonne, ve le sconsiglio);
- mai ai pantaloni di pelle, a meno che non siate giovanissime e rockettare;
- ai jeans, purché non troppo rovinati.

Il "chiodo" poi sta molto bene con dei pantaloni neri non troppo stretti in fondo, scarpe con il tacco deciso e una piccola punta che esce, una camicia di seta panna e magari una collana per ingentilire la pelle.

D'inverno è perfetto sotto il cappotto o il gilet di pelliccia e fa la funzione di una maglia, solo che è molto più fashion!

IL TRENCH

Anche se non ci sono più le mezze stagioni, l'impermeabile o soprabito con la cintura e i revers è un classico che non può mancare nel vostro armadio e che vi servirà in molte occasioni.

Innanzitutto dona a chiunque, sia stretto in vita, se avete un fisico sottile, sia lasciato aperto per mascherare fianchi e pancetta.

Il trench per eccellenza è quello beige con gli interni scozzesi. È super chic nei giorni di pioggia con un bel dolcevita grigio, i jeans e gli stivali di gomma, ma vi potrà risolvere anche molte situazioni più formali perché è perfetto sopra il tailleur pantalone per andare in ufficio – fa molto donna in carriera – o perfino di sera per completare il vestitino elegante nero e sdrammatizzarlo un po'.

Oggi ci sono mille declinazioni modaiole di questo meraviglioso capo: nelle fantasie, nei tessuti (addirittura anche di pvc trasparente), nell'aggiunta di effetti speciali come borchie, negli accostamenti di colori. Capi che piacciono moltissimo a giovani attrici e icone di stile come Emma Watson (un tempo Hermione Granger nei film della saga di Harry Potter, oggi it girl presente a molti eventi mondani), ma che forse non rimarranno a lungo nel guardaroba. Io ho scelto una via di mezzo: un Burberry beige ma con il classico check (la fantasia scozzese della Maison) a vista e l'interno neutro. Lo metto da 20 anni e non mi ha ancora stufato.

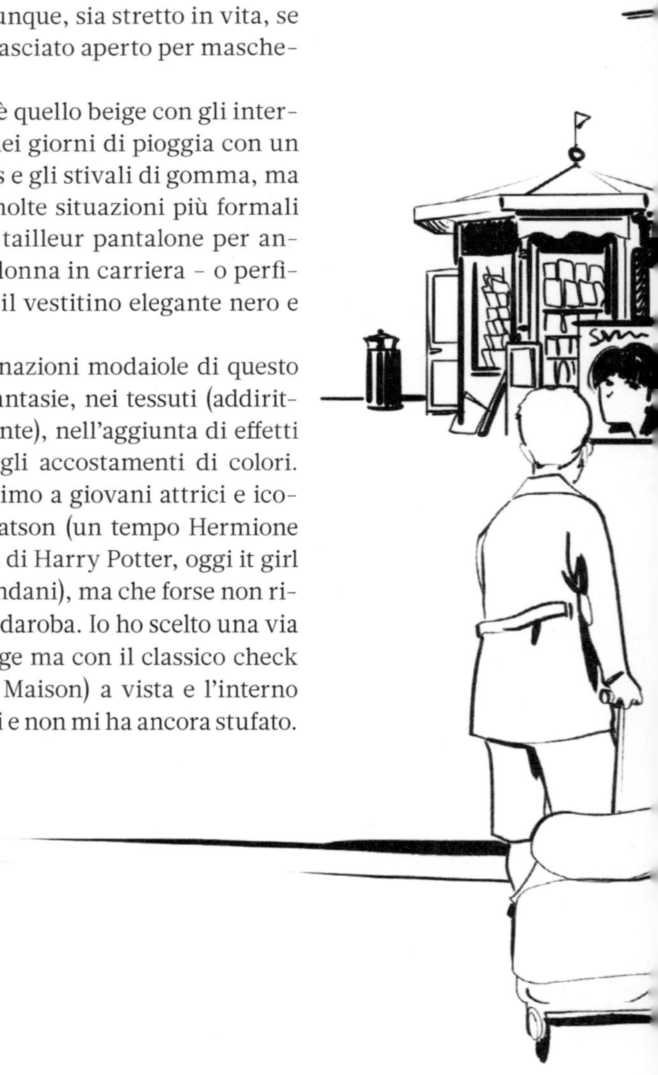

IL CAPPOTTO

Sarà che io sono una freddolosa, sarà che vesto Max Mara da una vita e questa azienda è leader nella produzione dei capi spalla, ma io ho una vera passione per i cappotti. Ci sono stati anni in cui il cappotto è stato sostituito dai più maneggevoli piumini; oggi è tornato prepotentemente alla ribalta e in certe occasioni, se si vuole essere eleganti, bisogna avere un cappotto. Sì, ma quale? Io non ho dubbi e suggerisco il modello 101801 (nome del codice della prima produzione nata, pensate, nel 1981!): è un doppiopetto in beaver di lana e cachemire diventato un intramontabile oggetto di design moderno e sempre attuale. La misura sotto il ginocchio lo rende adatto a ogni tipo di donna, le maniche a kimono possono essere facilmente risvoltate per adeguarsi alla lunghezza delle braccia, il colore chiaro e il tessuto lo rendono prezioso. Amatissimo da Isabella Rossellini, Glenn Close, Cate Blanchett e la regina Sofía di Spagna, è un'icona della moda simbolo di eleganza per l'equilibrio delle proporzioni e il raffinato understatement. Lo userete sempre: su un abito elegante come sui jeans o su un tailleur da giorno. È un assoluto punto fermo.

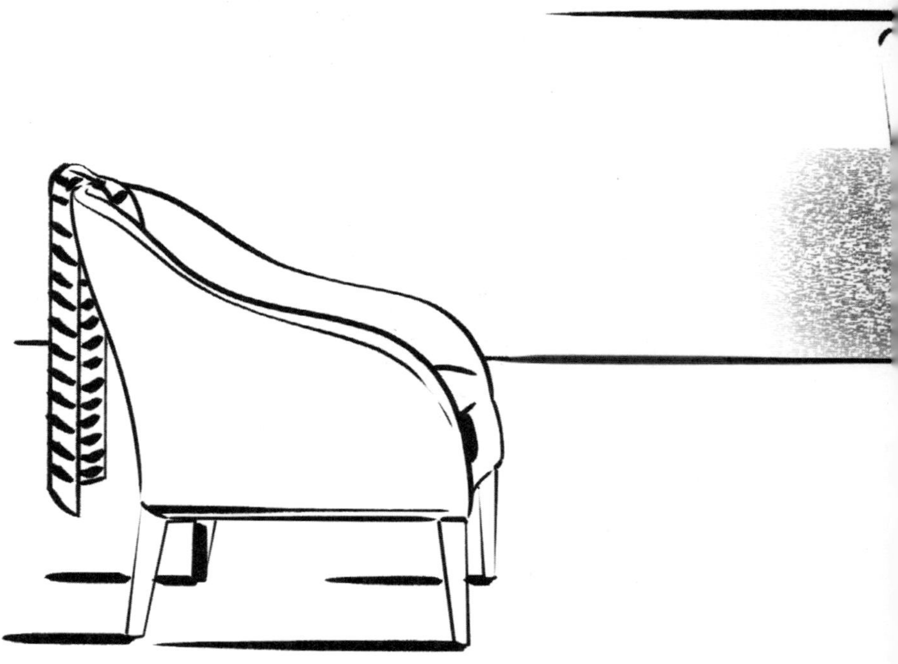

4

L'ACCESSORIO FA L'ABITO

LE BORSE • LE SCARPE • I CAPPELLI
I GUANTI • GLI OCCHIALI • LE CINTURE
I BIJOUX • LA LINGERIE

In un periodo di crisi come quello che stiamo vivendo è ancor più importante avere nell'armadio capi che possano durare più di una stagione. D'altra parte, sappiamo bene che un abito può essere rinnovato e trasformato in base agli accessori con cui lo completiamo. Lo stesso intramontabile tubino nero, con un po' di fantasia lo si può declinare in un capo da pomeriggio, da cocktail o da gran sera. Ecco perché è fondamentale l'acquisto delle scarpe e della borsa giuste (ve lo ripeterò fino alla nausea, eh eh!). Di solito le donne impazziscono per le scarpe che, un po' perché costano meno delle borse, un po' perché occupano meno spazio negli armadi, si accumulano più facilmente. Io, però, credo che la borsa rimanga la regina degli accessori. "Mentre le scarpe sono come gli amanti (tanti, variegati, scelti così d'impulso che a volte ci si vergogna di averli avuti), le borse sono più simili ai mariti: prima di sposarne uno ci si pensa su un bel po'", ha detto Paola Jacobbi, una mia amica giornalista che la sa lunga in fatto di moda. A questo punto regolatevi voi, ma ricordatevi che per avere tante scarpe come Imelda Marcos – pare che la first lady filippina ne avesse oltre 2700 paia! – bisogna avere armadi infiniti per poterle vedere e quindi scegliere… Tutto sommato, meglio poche ma buone. Anzi, perfette.

LE BORSE

Di diverse forme, materiali e colori: di borse ne esistono per tutti i gusti e per tutte le occasioni.

La **SHOPPING BAG** è la fedele borsa che può contenere tutto ciò che vi serve durante il giorno. Io la riempio con qualsiasi cosa: agenda, cellulare, tablet, trucchi, spazzola per capelli, fazzoletti, chiavi di casa e della macchina, un mini beauty di emergenza con dentro alcune medicine, e molto altro. Se la sera devo uscire senza ripassare da casa, ci metto dentro anche la pochette in modo poi da non dovermi portare sulle spalle il peso mostruoso di questa zavorra. Le shopping bag sono di varie dimensioni; vi consiglio di sceglierle in base alle vostre esigenze di capienza, ma anche secondo la vostra altezza: se siete piccoline, meglio evitare la maxi bag.

La **TRACOLLA** è un accessorio piuttosto sportivo adatto al pomeriggio e soprattutto alle più giovani, che di solito portano la cinghia molto allungata. Se la borsa è grande, fa subito scuola e quindi va bene per le ragazzine; ma la tracollina di dimensione medio-piccola a me piace molto anche per le signore, ed è stracomoda per chi è abituato a fare grandi spese – sia alimentari sia di shopping, quando capita! – e ha bisogno di avere le mani libere per portare... altre borse piene di acquisti.

La **BISACCIA** ricorda la borsa del postino e va usata rigorosamente di giorno. Di tela o di pelle, è molto più bella quando è un po' vissuta. Da evitare con abiti troppo formali, come tailleur o vestitini bon ton. Sta meglio a chi osa un abbigliamento etnico e alternativo.

SHOPPING BAG

TRACOLLA

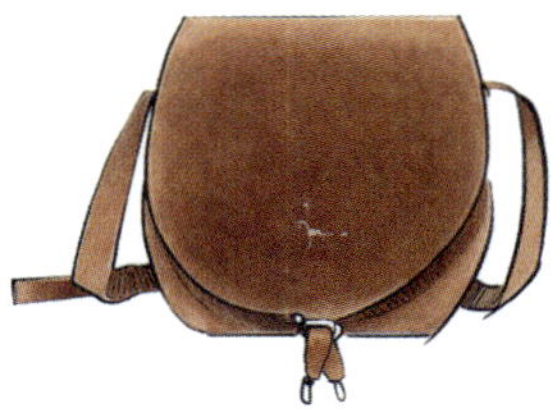

BISACCIA

Il **BAULETTO** ha una forma rettangolare e può avere dimensioni variabili. Spesso è dotato di una tracolla, che però non si usa sulla spalla ma si lascia cadere su un lato. È la borsa più classica e versatile che ci sia: come il grigio, va bene su tutto.

Come dice il nome stesso, la borsa a **SECCHIELLO** sembra un piccolo secchio e sta in piedi da sola. Ha una lunga tracolla, non comodissima ma ultrachic. Nata negli anni '70, oggi viene riproposta da varie griffe, ed è una borsa adatta a donne che abbiano una spiccata personalità nel vestire.

Il **CESTINO DI PAGLIA** va usato solo d'estate, meglio se al mare. Ma se l'occasione scarseggia, va bene anche in città purché abbinato a capi estivi e freschi. Io quando sono in vacanza non uso altro, sia per la spiaggia sia per la sera. Ne ho di tutte le dimensioni e di tutti i colori e li trovo sempre e comunque bellissimi.

BAULETTO

SECCHIELLO

CESTINO DI PAGLIA

La mia prima borsa in assoluto è stata, a 14 anni, uno **ZAINETTO** di pelle morbidissima color cuoio. Ce l'ho ancora in fondo all'armadio e, anche se non lo uso più, confesso di avere tuttora una passione per questi tipi di borse. Trovo molto pratici quelli in tessuto tecnico (rigorosamente neri) da portare in viaggio, comodissimi per il computer e con mille tasche in cui trovare subito ciò che serve. Gli altri super colorati o di materiali diversi è meglio lasciarli alle ragazzine.

Rigida, piccola e con la tracolla corta, la **BAGUETTE** è da portare su una spalla, oppure sotto il braccio come il tipico filone di pane francese da cui prende il nome. Fa molto signora ed è incredibilmente comoda ai cocktail per avere le mani libere e reggere senza impicci bicchiere e stuzzichini.

La **POCHETTE** è la borsetta da pomeriggio e da sera di piccole dimensioni; si chiama minaudière se è rifinita con metallo (più o meno prezioso), **CLUTCH** se è rigida con chiusura a scatto. Va portata rigorosamente a mano e con grande nonchalance per evitare che sembri un corpo estraneo a voi. Può essere di un materiale prezioso, come il rettile, e di un colore completamente diverso dall'abito e dalle scarpe. D'altra parte, la borsa coordinata con le scarpe è ormai una "vecchionata" – come direbbe una mia cara amica modaiola! –, è una regola superata da tempo e molto noiosa. Perciò via libera ad abbinamenti inconsueti come il nero e il marrone, il nero e il blu, o un bel giallo acido per ravvivare un completo scuro, oppure un verde acceso o un viola.

Però, se sfoggiate una borsa a due o più colori, ricordatevi di abbinarla a un capo in tinta unita per non incappare nel temibile "effetto Arlecchino".

ZAINETTO

BAGUETTE

POCHETTE

CLUTCH

LE SCARPE

Un mondo fatto di punte, tacchi, suole, pelle, tela, vernice... Una varietà in mezzo alla quale a volte risulta davvero difficile orientarsi.

Bene, partiamo dall'abc: una bella scarpa nera con il tacco bisogna averla. Ce ne sono di infinite forme, altezze e materiali, ma più la sceglierete classica e di buona qualità, più la sfrutterete negli anni.

DÉCOLLETÉ CLASSICA

CON CINTURINO ALLA CAVIGLIA

OPEN TOE

La **DÉCOLLETÉ CLASSICA** può essere in pelle nera, di camoscio o vernice. Quest'ultima è più aggressiva e di solito anche un po' più duretta da indossare. Sceglietela con una punta non eccessiva, non troppo scollata (l'attaccatura delle dita dei piedi non si deve vedere!) e con un tacco sul quale sappiate camminare. Per me il tacco perfetto è il 12; dopo anni di esercizio sono diventata un po' un'acrobata e riesco ad affrontare anche i terreni più impervi con un certo aplomb. Voi, però, ricordatevi che non c'è niente di più sgraziato di una donna con i tacchi incapace di camminarci! Il vantaggio del tacco è che modifica la postura rendendo il portamento molto più eretto e sexy. Se però sul tacco 12 vi sentite traballanti e avrete la scioltezza dei trampolieri, scegliete pure qualche centimetro in meno. In ogni caso, ci guadagnerete in altezza e in fiducia.

Certo, la scelta del tacco non è semplice. Negli ultimi anni c'è stata una rincorsa quasi smisurata al tacco più alto che ha contagiato anche la sottoscritta, lo ammetto. Oggi mi ritrovo nell'armadio alcune scarpe che ancora mi domando come ho fatto a indossare senza cadere. Ma, credetemi, ogni eccesso alla fine stanca, ecco perché anche nelle scarpe è meglio puntare su un tacco normale, il più possibile dritto, senza orpelli esagerati. Eccovi qualche utile consiglio nella scelta.

Il **CINTURINO ALLA CAVIGLIA** fa tanto Betty Boop e inevitabilmente taglia un po' la gamba, quindi va bene per chi ha la caviglia sottile e il polpaccio snello.

Le scarpe aperte davanti (chiamate **OPEN TOE**) aggiungono un po' di sensualità ma tenete presente che in genere sono meno eleganti di quelle chiuse. Vanno messe senza calze e richiedono unghie ben curate!

Il **PLATEAU** è diventato di gran moda negli ultimi anni e di fronte al vertiginoso aumento delle altezze è stato anche un alleato fondamentale a favore della "gestibilità" del tacco. Secondo me oggi le scarpe con il plateau troppo alto hanno fatto il loro tempo. Se proprio lo trovate comodo, scegliete un modello di scarpa che lo nasconda all'interno.

Il modello chiuso davanti e con il cinturino dietro (detto **CHANEL**) è sfruttatissimo e molto chic. Non usatelo mai con calze trasparenti: o senza, o molto spesse, o meglio ancora con leggings lunghi alla caviglia. Con il tacco alto è particolarmente indicato per look formali da cerimonia, ma è bellissimo anche in versione "ridotta", con un piccolo tacco di 4 o 5 centimetri e rigorosamente di vernice nera.

La variante modaiola è il **SANDALO** con il tacco alto da usare anche d'inverno con le calze pesanti. Prendetelo di camoscio nero e accessoriatelo con dei collant grigio fumo che snelliscono le gambe. Chi se lo può permettere (e ha meno di 40 anni) può indossare sopra gli shorts, purché non siano aderenti.

Non è detto che il tacco debba essere a spillo. Certo lo stiletto ha il suo fascino (le Louboutin dalla suola rossa lo dimostrano), ma io trovo molto belli anche i tacchi dritti e più grossi, particolarmente indicati per chi, come me, ha le gambe un po' muscolose.

PLATEAU

CHANEL

SANDALO

• L'ALBUM DEI RICORDI •

La prima conduzione di un telegiornale in diretta l'ho fatta con Emilio Fede. Era il 1992 e, dopo lo scoppio della guerra del Golfo, anche noi giornalisti sportivi fummo coinvolti nell'avventura del primo telegiornale delle reti Mediaset (all'epoca Fininvest). Proprio in quell'occasione capii che quella era la strada che volevo percorrere. Lavorai con Emilio per diversi mesi prima dell'arrivo di Mentana e della nascita del TG5, e il mio compagno di scrivania era un giovane e simpaticissimo Paolo Brosio. Poi esordii in video con un notiziario. Ricordo perfettamente l'agitazione e il dubbio su che cosa indossare. All'epoca non c'erano costumiste o aziende che offrivano i vestiti, né tantomeno potevo contare su un guardaroba fornito come oggi... Scelsi un paio di pantaloni da uomo blu e una camicia di seta blu, a mezze maniche con i profili bianchi e i bottoncini d'oro, molto marinaretta. A ripensarci oggi le maniche corte non erano un granché, ma Emilio Fede, che rimase accanto a me (fuori dall'inquadratura) durante tutta la messa in onda per scrutarmi, alla fine disse: "Perfetta!". E le scarpe? Ballerine blu con la punta bianca, un bicolor un po' troppo abbinato alla camicia. Però, dopo che sono diventata la conduttrice delle 20 al TG5, il look è cambiato e ho indossato sempre i tacchi alti: infatti, anche se non si vedevano in tv, a me davano una sensazione di maggiore autorevolezza e mi facevano sentire più bella!

La scelta dello **STIVALE** è piuttosto delicata, anche perché di solito è un tipo di scarpa più costoso. Quindi è meglio non sbagliare e optare per un modello **CLASSICO:** nero o marrone, con il tacco piatto di pochi centimetri e la punta arrotondata, sarà il passe-partout per l'inverno. La variante colore contemplata può essere grigio o testa di moro. Non azzardate altre tinte per un accessorio che deve andare bene per il look di tutti i giorni abbinandosi a calze pesanti, gonne e vestiti al ginocchio.

Lo stivale è un buon alleato per chi ha gambe non bellissime o la caviglia un po' grossa. In questi casi lo si può tranquillamente sfruttare anche per occasioni più eleganti, scegliendolo di camoscio nero con un bel tacco.

Lo stivale **DA SERA** con il tacco a stiletto è un po' un azzardo, che è meglio lasciare ad attrici e starlet. Uno stivale di pelle nera, bello e morbido, con il tacco alto 10 o 12 centimetri lo potrete usare molto di più sia di giorno (se siete abituate al tacco) sia di sera.

Evitate cerniere troppo vistose, decorazioni e stringhini che cascano all'altezza della caviglia. E lo stivale elasticizzato tipo guanto lo lasciamo a Madonna e Lady Gaga.

Il classico **CAMPEROS** a me non dispiace affatto, ma bisogna saperlo portare con il look giusto.

CLASSICO

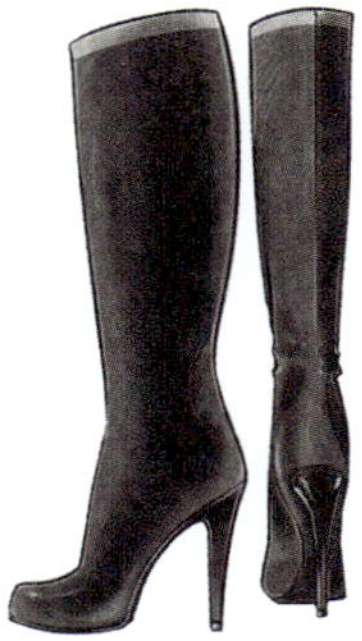

DA SERA

CAMPEROS

• DONNE DA COPIARE •

A Saint-Tropez, deliziosa località della Costa Azzurra, lo stile lo ha creato **BRIGITTE BARDOT,** e ancora oggi se vi ispirate a lei non sbagliate: sì quindi ai mini vestiti mozzafiato con gli stivali alti fin sopra il ginocchio per la sera (ovviamente!), e sì alle camicie annodate sotto il seno con gli shorts a vita alta che sono tornati di gran moda fra le ragazzine per il giorno. Nelle viuzze del paese ci sono tantissimi negozi di moda, alcuni molto belli e dai prezzi inavvicinabili, altri più caratteristici dove troverete abiti con i tessuti a fiorellini o a piccoli quadretti Vichy da sfoggiare in spiaggia. Se vi fermate a prendere un aperitivo in un bar davanti al porto, vedrete scendere dalle barche le signore del bel mondo, che di giorno indossano copricostume e sandalini e di sera jeans e camicie, ma anche vestiti più eleganti. Il mio amico Nerio Alessandri, fondatore di Technogym, di solito trascorre il weekend del primo maggio in barca a Saint-Tropez con la famiglia. Se volete copiare il look di sua moglie, la bionda e sinuosa Stefania, portatevi dei jeans bianchi a gamba stretta, un paio di sandali da sera con tacco alto e un caftano colorato a maniche lunghe morbido sui fianchi. Terminate con dei maxi orecchini pendenti e sarete perfette per una cena in uno dei ristorantini del porto. **Da copiare:** lo charme e la freschezza di Brigitte, i colori di Stefania.

Lo stivale **DI GOMMA** colorato è bellissimo e super chic nelle giornate di pioggia (lo indossa persino sua altezza Kate Middleton!).

Il **CUISSARDE,** ossia lo stivale da moschettiere sopra il ginocchio, fa tanto Barbarella, Brigitte Bardot o gatto con gli stivali. Di gran moda qualche stagione fa con il tacco alto, secondo me è troppo vistoso e difficilissimo da portare. Se proprio vi piace lo stivale alto di gamba (e siete dotate di un bello stacco di coscia), prendetelo con il tacco piatto e indossatelo rigorosamente con calze coprenti. Va abbinato a gonne leggermente svasate o a pantaloni super skinny e maglioni lunghi.

Color cuoio o nero, di pelle un po' lucida e rigida sulla gamba e con una piccola fibbia in alto, lo stivale **DA CAVALLERIZZA** è molto chic ed è l'unico che si può mettere con i pantaloni aderenti dentro. Charlotte Casiraghi è una splendida testimonial di questo look da amazzone glamour.

DI GOMMA

CUISSARDE

DA CAVALLERIZZA

Gli **STIVALETTI ALLA CAVIGLIA** (o "boots") sono comodi e grintosi, ma sono diventati così di moda per ragazze e ragazzine che è difficile trovarli sobri senza l'orgia di borchie, spunzoni, catene e via dicendo che di solito li accompagnano e che sono, l'avrete intuito, da evitare.

I **TRONCHETTI** con il tacco alto sono un'alternativa modaiola e invernale alla scarpa con il tacco. Nati e perfetti per i pantaloni, si possono portare anche con le gonne, ma bisogna avere gambe piuttosto slanciate e, ovviamente, calze coprenti.

Confesso di avere un debole per gli **ANFIBI,** gli stivali pesanti che arrivano al polpaccio con la suola a carrarmato. Essendo un tipo di calzatura piuttosto aggressiva, è importante ingentilirli con un look non troppo rock o maschile. Secondo me sono perfetti con le gonne scozzesi, i vestitini grigi bon ton o in abbinamento a un jeans nero con una bella camicia di seta.

Gli stivali estivi? Obbrobrio...

STIVALETTI ALLA CAVIGLIA

TRONCHETTI

ANFIBI

Che cos'altro bisogna avere nel guardaroba? Un paio di **STRINGATE MASCHILI,** molto eleganti e comodissime per il giorno e ultrachic per la sera.

Le **BALLERINE** sono le scarpe più detestate dagli uomini e più amate dalle donne. Sono l'ideale per chi ha un bel piede magro e non soffre a camminare rasoterra... Io le amo molto con il pantalone stretto e corto alla caviglia, con i jeans o, d'estate, con i vestitini. Ce ne sono di tutti i prezzi e di tutti i colori (io le adoro verde smeraldo e bluette): se le volete di marca modaiola, le più giuste sono di Tori Burch; se preferite restare sul classico, scegliete Ferragamo o Gucci.

STRINGATE MASCHILI

BALLERINE

• DONNE DA COPIARE •

ELENOIRE CASALEGNO, dotata da madre natura di un fisico statuario e un viso angelico, può permettersi anche oggi che non è più una ragazzina un look molto casual che vira decisamente sul sexy. Abiti di maglia trasparente con culotte nere a vista, jeans strappati e leggings come seconda pelle. A me piace di più quando abbina il jeans molto strappato alla camicia da uomo bianca super seria e i tacchi bassi, oppure quando porta gonne corte a balze e le ballerine.
Da copiare: ehm, in verità è difficile imitarla perché c'è l'altissimo rischio di sembrare volgari, mentre Elenoire con il viso angelico e le gambe infinite riesce sempre a essere glam. Beata lei!

Le donne che sanno portare i **MOCASSINI** sono le più eleganti. E i mocassini più famosi sono i gommini di Tod's: colorati o sobri, di pelle classica o pitonata, portati con un jeans délavé o un pantalone bianco, sono quel dettaglio che aggiunge eleganza a uno stile non appariscente ma raffinato.

Personalmente io trovo orribili le **PARIGINE,** ovvero le stringate con il tacco, ma a molte donne piacciono. Magari prima o poi cambierò idea, come ho già fatto su tante altre cose. Se proprio le volete mettere, osate delle calze appariscenti, altrimenti correte il rischio di sembrare delle suore...

Le **SNEAKERS** sono le scarpe più comode del mondo e quelle che hanno permesso alle donne che corrono tutto il giorno fra lavoro-figli-spesa-palestra di essere elegantemente sportive. Quindi sì, a qualsiasi età.

MOCASSINI

PARIGINE

SNEAKERS

• DONNE DA COPIARE •

LINA SOTIS, regina delle buone maniere, indossa le sneakers anche nelle occasioni mondane, con belle giacche e gioielli speciali. E vi assicuro che sta benissimo. Naturalmente le sneakers si mettono solo con i pantaloni, mai con le gonne.
Da copiare: la disinvoltura.

I CAPPELLI

Per portare bene i cappelli bisogna avere il volto adatto e anche una certa personalità. E per cappelli non intendo certo il berretto di lana che ormai siamo abituati a calarci in testa d'inverno per resistere al freddo, ma il Cappello con la C maiuscola, quello che ti cambia il look.

BORSALINO DA UOMO

A TESA LARGA

CLOCHE

Il **BORSALINO DA UOMO** è ancora più bello sulle donne. Con un cappotto stiloso o un collo di pelliccia, regala un fascino misterioso ed elegante. Il mio preferito è la versione estiva, il panama bianco con la fascia marrone.

Per portare i cappelli **A TESA LARGA** bisogna essere un po' dive. Io ogni tanto lo faccio con un cappello di feltro nero decisamente importante: lo indosso per uscire la sera quando pioviggina invece di usare l'ombrello che detesto, o per andare alle cene o alle feste. Mi fa sentire vestita meglio e calamita gli sguardi di tutti.

La **CLOCHE** è un copricapo difficile, dal sapore rétro. Trovo che sia adatto a chi ama gli abiti vintage e non ha paura di fare l'alternativa.

• L'ALBUM DEI RICORDI •

Io vado matta per i cappelli e ne ho una discreta collezione che mi diverto a usare in varie occasioni. I miei preferiti sono quelli di paglia, che metto in spiaggia per proteggermi il viso dal sole oppure... per attirare l'attenzione. Difficile infatti non farsi notare con un cappello bianco a tesa larga, decorato con nastri e un importante trancio di peonie rosa! L'ho comprato in Sardegna al mercatino di San Pantaleo, dove io e le mie amiche andiamo spesso nelle mattine di agosto. Lo trovate troppo vistoso? Ma nooo, che cosa dite! L'importante è essere disinvolte. Io questo cappello lo uso ogni volta che vado a vedere il festival di musica dedicato a Fabrizio de Andre' che si svolge intorno a Ferragosto nell'entroterra sardo, a Tempio Pausania. Si arriva nel tardo pomeriggio per prendere posto sul prato in attesa che cali il sole e inizi il concerto, ma fino al tramonto la luce è talmente forte che, sebbene i miei amici mi prendano in giro, alla fine lo so che invidiano il mio romantico copricapo, di cui vado molto fiera!

Il cappello **CON VELETTA** è meraviglioso e seducente, ma si può accompagnare solo a un tailleur elegante o a un abito da sera. Richiede che i capelli siano raccolti oppure ondulati (e, in ogni caso, non troppo lunghi), e impone un trucco impeccabile. Ma se proprio vi piace da morire la veletta (come a me!) e non vi dispiace essere un po' eccentriche, potete portarla in maniera molto originale sopra un berretto di lana grigia con pompon nero.

La **COPPOLA** può essere in versione tweed o grigia e diventa sbarazzina se indossata su un outfit giovane e sportivo. È ideale con l'impermeabile.

Il cappello **DI PAGLIA** mi piace da impazzire. E adoro i matrimoni estivi per poterlo sfoggiare, magari addobbato con dei fiori, blu con un fiocco in tinta o con una fascia panna di gros grain: è perfetto per arricchire un abito.

CON VELETTA

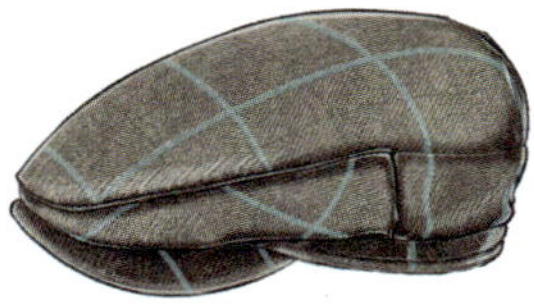

COPPOLA

DI PAGLIA

I GUANTI

Un tempo i guanti erano un indispensabili, al punto che una signora non poteva uscire di casa senza. Oggi sono un plus che può fare la differenza, perché dona grazia e femminilità a ogni donna. Per questo, mi raccomando, non trascurate questi accessori!

I guanti **DI PELLE** morbida, scamosciata o liscia, che arrivano a metà avambraccio, stanno benissimo su cappotti, caban e spolverini che hanno le maniche a tre quarti. Nei colori classici sono più "normali", ma se siete abituate a usare capi spalla neri, grigi o blu, stanno benissimo anche di un colore forte come il verde smeraldo o l'arancione. Io ne ho un paio viola che uso spesso con una giacca di visone grigio con le maniche cortine.

I guanti **DI LANA** (o meglio di cachemire) sono forse più caldi e confortevoli, ma di sicuro non troppo eleganti. Anche i più belli, infatti, dopo un po' inevitabilmente faranno i pallini o si bucheranno sulle dita. Quelli di pelle invece sono per sempre.

I guanti **DA GUIDA** sono corti e aperti sul dorso della mano. Con un giubbotto di pelle o un cappotto da uomo e scarpe basse aggiungono un tocco molto chic al look. Certo non tengono caldo!

I guanti **SENZA LE DITA** sono comodi per smanettare sul telefonino, ma sono tutt'altro che eleganti: l'effetto fruttivendolo al mercato è inevitabile.

DI PELLE

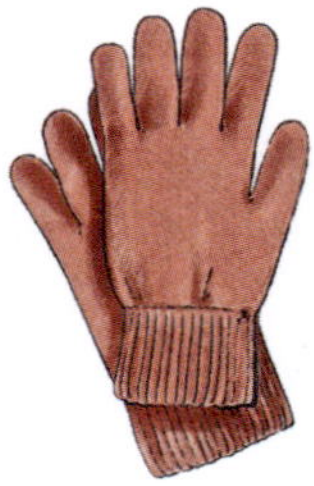

DI LANA

DA GUIDA

SENZA LE DITA

I guanti **DA SERA** sono stupendi. Io ne ho un paio di camoscio nero che erano di mia nonna e che uso molto con i vestiti un po' formali. Sono lunghi quasi fino al gomito, hanno due bottoncini sul polso e si portano morbidamente arrotolati. Si possono tenere anche quando si toglie il cappotto. Ma si devono sfilare sempre quando ci si siede a tavola o si prende l'aperitivo...

I guanti **DI RASO** lunghi oltre il gomito sono da vera diva e si indossano solo su vestiti da sera lunghi in occasioni davvero eleganti. Arricchiscono qualsiasi abito dalla linea semplice e sobria, vestono le braccia e spesso nascondono i difetti. Pensate a Grace Kelly nelle occasioni speciali del Principato di Monaco. O ancor di più allo stile unico di Jacqueline Kennedy durante le feste alla Casa Bianca: la moglie del presidente aveva una predilezione per i guanti lunghi e bianchi, anche sui vestiti neri, e stava d'incanto. Mi domando come mai oggi sui red carpet degli eventi più glamour le attrici non indossino i guanti; se guardate Grace, Jacky o Maria Callas, non vi sembra che negli anni '50 e '60 le donne riuscissero ad apparire molto più eleganti?

Forse non si possono esattamente definire guanti, ma io trovo comodi i **MANICOTTI** di lana o cachemire. Arrivano oltre il gomito e dalla parte opposta hanno una sola divisione per infilare il pollice e coprire così buona parte della mano lasciando libere le dita.

Io li uso moltissimo (più dei guanti) perché spesso indosso giacche e cappotti con le maniche a tre quarti e quindi ho freddo alle braccia. Ma sono bellissimi (e sexy) anche portati con un abito senza maniche – io ho un po' la sindrome di Michelle Obama, adoro le braccia scoperte – per evitare di congelare quando ci si toglie il cappotto d'inverno!

DA SERA

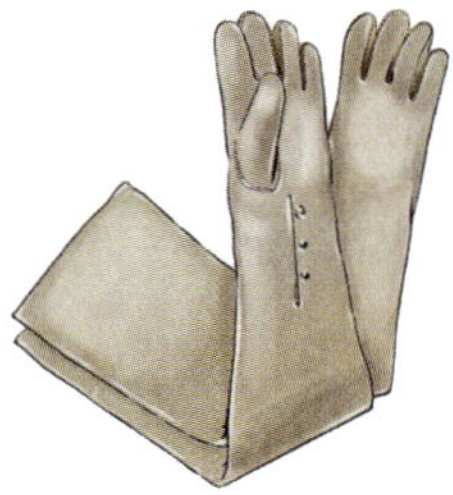

DI RASO

MANICOTTI

GLI OCCHIALI

Mai sottovalutare i "danni" che può fare l'occhiale sbagliato, non adatto alla forma del vostro viso. La moda, infatti, propone occhiali di tutti i tipi, realizzati in colori e materiali diversissimi e spesso sgargianti. Ma, mai come nel caso di questi accessori, vale il detto: "a ciascuno il suo".

Care amiche, quando comprate un paio di occhiali, tenete presente alcuni elementi: la forma del vostro viso, la carnagione, il colore e la lunghezza dei capelli. Ma conta molto anche il vostro carattere: ultimamente l'occhiale è diventato sempre più un accessorio fashion, che caratterizza lo stile di una persona e la rende unica. Pensate agli occhiali bianchi e rettangolari di Lina Wertmüller, a quelli tondi di Harry Potter o alle montature spesse e colorate di Lapo Elkann, che, guarda caso, ne ha fatto un business di successo. L'occhiale è un dettaglio importante, e io vi do alcuni consigli per sceglierlo.

Se avete il viso ovale, avete la fortuna di poter spaziare tra le diverse forme di montatura perché il vostro volto si adatta a tutte senza problemi. A questo punto scegliete in base alla vostra personalità, cioè chiedetevi se l'occhiale sia destinato a essere un segno distintivo del vostro stile e si faccia notare, oppure no.

Se avete il viso tondo, dovete spezzare il cerchio per snellire l'insieme, perciò sì alle montature strette e lunghe e no a quelle tonde.

Se avete il viso triangolare o squadrato, accompagnate la forma del viso, con delle montature a farfalla o, perché no, anche quelle piccole e tonde.

Capelli lunghi: una massa voluminosa di capelli (magari con ciuffo laterale o frangia) incornicia il volto, quindi è meglio non caricare ulteriormente con una montatura spessa e pesante. Optate per un modello sottile e magari colorato, dalla forma un po' slanciata, ovale o rettangolare.

Capelli corti: il vantaggio di un taglio corto è che lascia scoperto il volto permettendovi di indossare montature anche grandi e originali.

Capelli biondi o bianchi: meglio una montatura chiara, che segua armonicamente i vostri colori.

Capelli castani: potete osare con colori in contrasto.

Capelli neri: anche in questo caso gli abbinamenti sono infiniti, ma evitate le montature nere perché appesantirebbero troppo il volto.

Capelli rossi: potete divertirvi a scegliere una montatura con colori complementari, come il verde.

CAPRI

RAY-BAN A GOCCIA

RAY-BAN TIPO BLUES BROTHERS

Io adoro gli occhiali da sole e non posso uscire senza, anche perché gli occhi vanno protetti dai raggi UV.

Il modello con la lente grande e quadrata è da vera diva ed è particolarmente amato dalle ragazzine e dalle signore visto che nasconde benissimo le rughette di espressione che incorniciano gli occhi. Però non esagerate con la grandezza della montatura, soprattutto se avete un viso piccolo, altrimenti rischiate l'effetto... televisore! I **CAPRI,** grandi e tondeggianti, sono perfetti per prendere il sole.

I **RAY-BAN A GOCCIA** sono i miei preferiti in assoluto. Sono sportivi, eleganti ma anche molto... rock! Ultimamente vanno di moda con le lenti colorate ma io amo anche la versione classica a specchio. Fate attenzione, però, quando li usate in spiaggia: con le lenti specchiate si prendono facilmente scottature in viso.

I **RAY-BAN TIPO BLUES BROTHERS** stanno bene a tutti e riparano benissimo dal sole. Quelli neri sono stupendi, le variazioni colorate lasciamole alle ragazzine.

• DONNE DA COPIARE •

Se avete la fortuna di andare a Miami, capirete perché tanti italiani amano trascorrere là le vacanze. C'è un clima meraviglioso e una moda che assomiglia alla nostra. Il look da giorno è super sportivo: leggings e canotte con le infradito, tute leggere con il cappuccio e T-shirt divertenti, minigonne (se potete permettervelo) e top. Nelle splendide spiagge vedrete bikini assai ridotti dai colori vitaminici (quasi nessuno sfoggia il topless) e copricostumi leggeri dalle fantasie animalier. Molte borse firmate. La sera si può osare senza problemi con abiti super scollati, tacchi vertiginosi, look da discoteca anche per andare al ristorante. Se volete prendere esempio, la regina di Miami è **RITA RUSIC:** costantemente paparazzata, sulla spiaggia sfoggia un fisico da urlo (ma vi rivelo che mangia solo insalata!) e un giovane fidanzato molto interessante. Di giorno occhialoni scuri da diva e capelli sciolti, di sera elegantissima con le sue chilometriche gambe abbronzate in mostra e un trucco leggero ma molto curato che valorizza la splendida bocca.
Da copiare: la tenacia e la cura per il corpo.

LE CINTURE

Diventata di gran moda negli ultimi anni, la cintura può variare molto: da sottilissima a bustino, il suo obiettivo è sempre quello di aumentare il volume, sagomare un capo e sottolineare la figura (state però attente, mie care, perché può anche fare qualche danno accentuando alcuni difetti che non vorreste proprio mettere in vista! Controllate sempre l'effetto finale davanti allo specchio).

La **MINIMALE** (in pelle, vernice o in anelli di metallo) va bene sui vestitini per sottolineare la vita.

Quella **DA JEANS** (in cuoio) può avere anche una fibbia importante, un po' texana, ma deve essere portata senza altri accessori strong.

La cintura **ALTA,** sagomata, da portare a vita bassa è perfetta per chi ha una bella statura e ama i look anni '70.

MINIMALE

DA JEANS

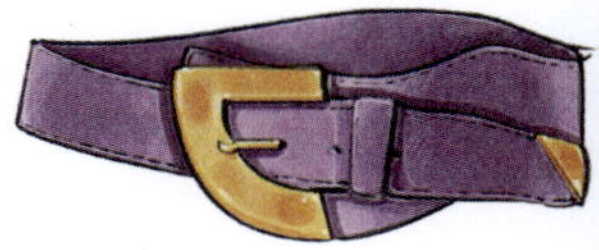

ALTA

La **FUSCIACCA** va indossata con i camicioni estivi, ma anche con un abito di lana piuttosto ampio. Se avete la vita sottile ma i fianchi generosi, può fare al caso vostro. Non strizzatela troppo, però.

La cintura **A BUSTINO** è difficile e piuttosto scomoda; è adatta solo a chi ha un gran fisico e il vitino da vespa.

Un **FOULARD** colorato infilato nei passanti dei pantaloni al posto della cintura è l'ideale d'estate, magari su dei pantaloni capresi. Guardate le foto di Jacqueline Kennedy e imparate: è un dettaglio moda che lei ha inventato e che risulta tuttora raffinato ed elegantissimo.

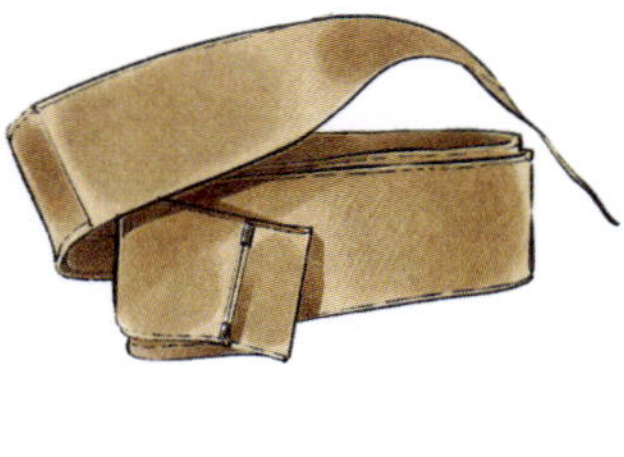

FUSCIACCA

A BUSTINO

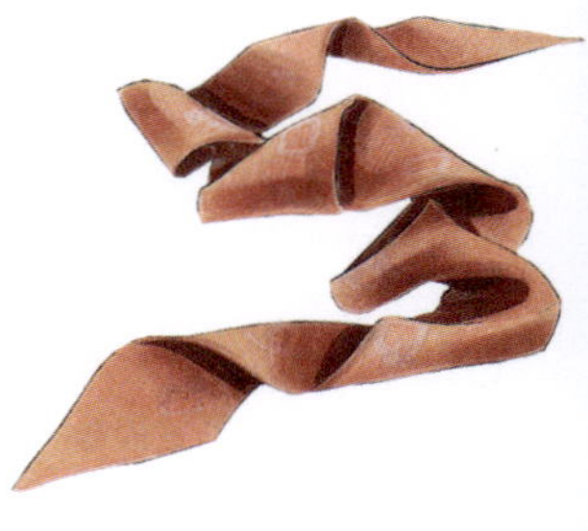

FOULARD

I BIJOUX

Orecchie, collo, braccia, mani: volendo potremmo ricoprire di gioielli tutte queste parti del corpo, ma l'effetto sarebbe soffocante, eccessivo e un po' volgare. Quindi vanno indossati con moderazione, per conferire al look il giusto tocco di eleganza e glamour.

PENDENTI

PICCOLI BRILLANTI

CHANEL

Gli orecchini sono i gioielli che preferisco. Mi sono sempre piaciuti piuttosto grandi, **PENDENTI,** e portati da soli, come protagonisti.

Con il passare degli anni ho iniziato ad apprezzare di più gli orecchini piccoli, al lobo.

I **PICCOLI BRILLANTI** alle orecchie sono perfetti in ogni occasione e illuminano il viso di giorno e di sera – così come due piccole perle –, senza essere troppo vistosi. Difficilmente esco di casa senza orecchini: d'estate oso i pendenti più vistosi che con l'abbronzatura risaltano ancora di più, d'inverno, invece, preferisco gli orecchini al lobo. Faccio un'eccezione solo per le occasioni mondane.

I miei preferiti sono quelli tipo **CHANEL** con la perla circondata da un castone d'oro. Le poche volte che, per distrazione o pigrizia, non li metto, mi viene in mente la mia bellissima mamma (che ancora oggi ha delle piccole orecchie perfette) che non ha mai portato un orecchino in vita sua dopo che, da ragazza, un corteggiatore le aveva detto: "Sei talmente bella che non hai bisogno di aggiungere niente al tuo viso"... Beata lei!

Con una **COLLANA DI PERLE** non si sbaglia mai. A qualsiasi età e con qualsiasi look. La trovo perfetta e originalissima anche al collo di uno stilista affascinante e tenebroso come Giambattista Valli che non se ne separa mai.

Se avete un bel collo sottile, potete optare per un girocollo o un **PUNTO LUCE,** oppure per la sera per uno **STRANGOLINO** (la fascetta di velluto con brillanti) o choker (collana alta e stretta sul collo) che io trovo molto sexy, anche se vanno dosati con un look super minimal per non fare l'effetto... saloon!

Le **COLLANE LUNGHE** mi piacciono da morire, ma non le so portare! Tranne quelle Chanel (vere o finte che siano) sopra una bella giacca bouclé o un top per la sera. L'unico consiglio che posso darvi è di non indossare mai una parure composta da una collana importante e degli orecchini pendenti, perché il risultato "madonna incoronata" è inevitabile.

COLLANA DI PERLE

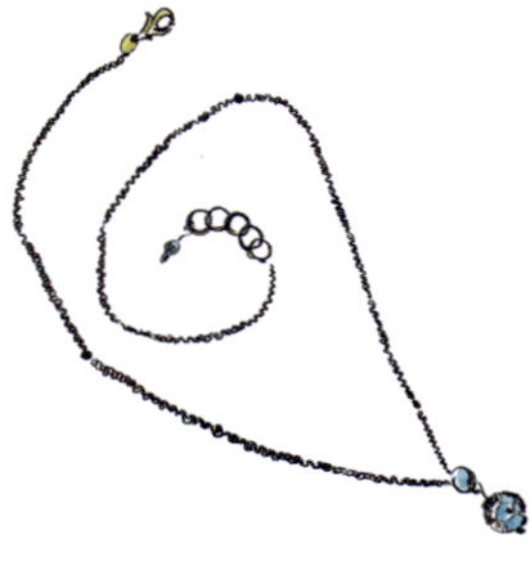

PUNTO LUCE

STRANGOLINO

COLLANA LUNGA

I **BANGLE** (bracciali rigidi) sono moderni e stilosi, perfetti d'estate. Se sono spessi, usateli unendo forme e materiali diversi; se sono sottili, abbondate e mettetene moltissimi fino a riempire i due avambracci: l'esito è da principessa indiana e ovviamente scordatevi di poter usare il computer o svolgere qualsiasi altro lavoro alla scrivania, perché risulterete davvero rumorose! È più comodo usarne uno solo grande e a fascia, ma a questo punto vi consiglio di esagerare indossandone due identici sui due polsi: il risultato sarà un po' schiava, indiscutibilmente grafico ed elegante. Ricordatevi di togliere l'orologio!

BANGLE

BRACCIALE CON CHARMS

Bracciali portafortuna o con **CHARMS,** che raccontano qualcosa di voi e vi ricordano una persona cara. Io ho due bracciali di questo tipo a cui sono molto affezionata: il primo me lo ha regalato Giorgio ed è in oro rosa a grandi maglie ovali con appesi dei ciondoli rotondi che contengono le foto dei miei figli; quando vado in giro per lavoro e sto lontano da casa, lo indosso e mi sembra di avere con me un pezzetto della mia famiglia. L'altro me lo ha regalato mio fratello Roberto per il mio ultimo compleanno ed è d'argento con appesi tanti charms che per me hanno un significato speciale: una c del mio nome, una chiave di violino, una rondine, un cuore con le ali e il simbolo della pace.

Impazzisco per gli **ANELLI GROSSI** e lisci, quasi degli oggetti da accarezzare e maneggiare tra le dita. Il mio preferito in assoluto è un modello formato da tre grossi quarzi rotondi che cambiano colore a seconda della luce. D'estate mi piacciono gli anelli d'argento e ne metto tanti in fila uno dietro l'altro; adoro il fatto che con l'uso diventino lucidi e splendenti.

D'inverno sono più classica e lascio sullo stesso dito la **FEDE,** il **SOLITARIO** che ho ricevuto per i 10 anni di matrimonio e la veretta del fidanzamento.

Le spille, per essere davvero chic, devono essere antiche!

ANELLI GROSSI

FEDE

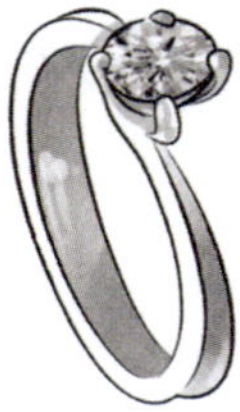

SOLITARIO

• DONNE DA COPIARE •

GABRIELLA DOMPÉ è una donna che non ha certo paura di apparire. È una bella signora che ha superato i cinquanta mantenendo uno straordinario fisico da pin-up. Ha da poco cambiato marito senza per questo perdere la sua incredibile verve mondana. Si dedica con ammirevole passione a charity e associazioni no profit, e ha una passione sfrenata per i gioielli e i vestiti firmati, strizzati e colorati... che, va detto, le stanno benissimo. Che sia giallo canarino, verde bandiera o rosa antico, non importa. Posso dire di averla ammirata in ogni colore e sfumatura, rigorosamente ingioiellata, tacco importante con plateau e pochette da sera.
Da copiare: l'energia contagiosa del suo sorriso e la pashmina sempre in una nuance più tenue del vestito.

LA LINGERIE

La moda degli ultimi anni ha imposto la lingerie come capo d'abbigliamento da mostrare. Io, care amiche, non sono assolutamente d'accordo. Non a caso gli inglesi la chiamano "*underwear*": deve stare sotto i vestiti, e quindi NON farsi vedere. L'unica eccezione modaiola che si può concedere va agli abiti di pizzo, ampiamente sdoganati da Bianca Balti e Scarlett Johansson, che lasciano intravedere mutandoni e reggipetto neri o color carne (unici due colori ammessi), assai coprenti e molto poco sexy.

Sì perché, se vogliamo trovare anche nella biancheria intima una tendenza fashion, questa va più verso modelli di slip e reggiseni non così microscopici e sottili come si potrebbe immaginare. Per intenderci, il perizoma tipo filo interdentale lo usano ormai solo le modelle in passerella. Le donne "normali" sono sicuramente più belle se indossano mutandina e reggiseno che vestono le forme e coprono un pochino di più. Un suggerimento che vale più di qualsiasi altro: non comprate la biancheria troppo stretta, perché fa risaltare rotolini e pancetta anche sopra i vestiti. Per il resto, scegliete i modelli che esaltano maggiormente i punti forti del vostro fisico.

Per il décolleté, il **REGGISENO A BALCONCINO** è sicuramente il più sexy, ma non sempre il più adatto sotto vestiti di tessuto sottile e morbido, specialmente se è in pizzo. I capezzoli, in ogni caso, non devono spuntare!

Il **PUSH-UP** è una benedizione per le donne con poco seno che si ritrovano una taglia in più senza dover andare dal chirurgo plastico. Però, se avete un incontro galante, non esagerate con l'imbottitura per evitare la delusione del partner quando lo togliete!

Il **REGGISENO A TRIANGOLO** è il mio preferito perché rispetta le forme, è comodissimo e di solito non si vede nemmeno sotto le scollature più audaci.

REGGISENO A BALCONCINO

PUSH-UP

REGGISENO A TRIANGOLO

Parlando di mutande, come ho già detto, il **PERIZOMA** è il più invisibile, ma non certo il più elegante. È adatto solo a fisici asciutti e sottili.

Il **TANGA** è quello che esalta maggiormente un bel lato b. Se questo è il vostro punto di forza, allora fa al caso vostro.

Le **CULOTTE** sono le migliori amiche delle donne: non a caso sono state le più usate in passato e, secondo i sondaggi, sono le più amate dagli uomini. Non segnano, coprono e sono molto, molto sensuali, soprattutto se in seta o in raso.

PERIZOMA

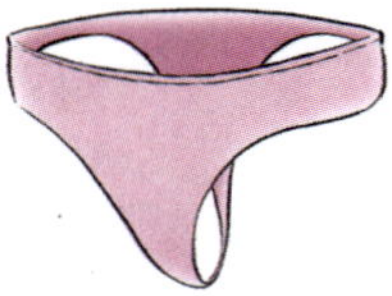

TANGA

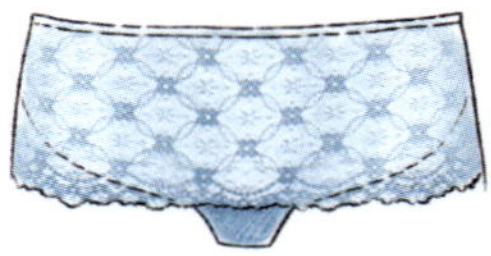

CULOTTE

Lo **SLIP A VITA BASSA** è adatto alle giovanissime che lo usano con i jeans e le minigonne e che non hanno problemi di contenimento pancia...

Lo **SLIP A VITA ALTA** è tornato prepotentemente di moda ed è un preziosissimo alleato per chi vuole mascherare un po' i fianchi e la pancetta. Oggi esistono materiali elasticizzati meravigliosi che contengono e appiattiscono alla perfezione: l'unico problema è riuscire a infilarcisi dentro. In questo caso la mutanda deve essere molto aderente.

Quanto ai colori della biancheria, datemi retta e non fatevi tentare da fantasie strane o tinte improbabili. La lingerie di una signora può essere solo di tre colori: nera (per essere sexy), bianca (per essere pratica), avorio/cipria (per essere sofisticata). Vi concedo di osare il rosso solo una volta all'anno, la notte di Capodanno.

La **SOTTOVESTE** è un indumento meraviglioso e assai comodo per far scivolare meglio i vestiti di lana o di tessuto un po' pesante. Io vi confesso che non sono mai riuscita a portarla perché mi dà fastidio con il reggiseno e le calze, ma nel cassetto ne ho tantissime di seta, che alla fine uso come camicie da notte.

SLIP A VITA BASSA

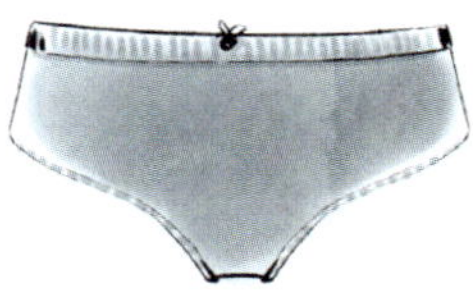

SLIP A VITA ALTA

SOTTOVESTE

E le gambe? Sono sempre un'arma di seduzione che non dovete dimenticare di avere e che va "vestita" nel modo giusto per valorizzarla.

Il **REGGICALZE** lo sa portare solo la donna davvero fatale... Ma diciamocelo: è scomodissimo! Si mette esclusivamente per sedurre.

Le **AUTOREGGENTI** sono pratiche e apprezzatissime dal popolo maschile. Sceglietele con una fascia elastica (possibilmente di pizzo) molto alta per contenere meglio la coscia ed evitare l'effetto insaccato. Mi raccomando, la calza deve terminare sufficientemente in alto in modo da non essere intravista accavallando le gambe, altrimenti grido "Orrore!".

I **COLLANT** sono pratici, comodi, caldi e all'occorrenza anche sexy. Per le donne degli anni '70 sono stati una rivoluzione davvero importante, un oggetto moderno che ha cambiato la vestibilità. Ancora oggi sono perfetti per giocare con colori, fantasie e materiali, dai più pesanti ai più impalpabili.

REGGICALZE

AUTOREGGENTI

COLLANT

I **CALZINI** sono divertenti e utili con mocassini, stivaletti ed, eccezionalmente, con i sandali (se avete un bel polpaccio). Sto parlando dei calzini alla caviglia. Vanno bene anche i calzettoni di lana se fanno capolino da stivali invernali o di gomma per la pioggia. I gambaletti no, vi prego.

Ho già ammesso di avere un debole per i **LEGGINGS,** perché sono perfetti nelle mezze stagioni o per completare abiti e gonne troppo corte lasciando visibile una bella caviglia sottile. Quelli a metà polpaccio è meglio evitarli perché donano a poche, fortunate fanciullie.

CALZINI

LEGGINGS

• L'ALBUM DEI RICORDI •

Per due volte ho avuto il privilegio di presentare la sfilata di moda di piazza di Spagna. E per due volte ho potuto sfoggiare abiti da sera veramente meravigliosi dei più grandi stilisti: da Cavalli a Blumarine, da Valentino ad Armani. Quest'ultimo, durante le prove, non era soddisfatto di come mi stava l'abito fucsia a sirena con scollo all'americana che aveva scelto per me. Abituato a vestire le modelle, riteneva che la mia 42 fosse una taglia troppo abbondante. Allora mi propose di indossare sotto un bustino molto strizzato con il quale magicamente diventai una 40: in quel momento vidi nei suoi occhi la luce dell'approvazione. Quando, durante la registrazione, lo presentai al pubblico, ricordo che chiese un applauso per me e la mia eleganza. Io praticamente non respiravo, ma mi sentivo uno splendido fuscello...

5

IL GUARDAROBA DEI SOGNI

WOW, CHE VESTITI DA FAVOLA! • BORSE, BORSE DELLE MIE BRAME...

WOW, CHE VESTITI DA FAVOLA!

Finora abbiamo parlato di una moda possibile, cioè di come ci si possa vestire con eleganza e stile senza spendere una fortuna. Però, amiche mie, la moda è anche sogno e divertimento, e allora proverò a stilare una lista di capi stupendi che secondo me compongono il guardaroba perfetto. Sognare non costa niente, giusto? E allora lustriamoci gli occhi insieme!

L'ABITO DA SERA DI ROBERTO CAVALLI

Roberto Cavalli è uno degli stilisti che ho avuto la fortuna di conoscere meglio e di frequentare d'estate quando lui passava le sue vacanze in Sardegna con la famiglia. Grazie a questa amicizia, spesso per occasioni importanti ho indossato gli abiti da sera che mi prestava. I suoi vestiti lunghi sono magnifici, perché riescono a essere eleganti e insieme super sensuali. Adoro in particolare quelli che lasciano scoperte le spalle e la schiena.

L'ABITO
DI CHIFFON
DI ALBERTA
FERRETTI

Lei è la regina dello chiffon, e i suoi abiti nei toni raffinatissimi del panna, cipria e grigio sono capolavori di artigianalità italiana. Sempre perfetti per occasioni formali tipo matrimoni o feste molto chic.

• L'ALBUM DEI RICORDI •

Confesso di avere una vera passione per i matrimoni e di andarci sempre molto volentieri. Nella foto mi vedete alle nozze di un'amica americana sul lago Maggiore in una splendida villa. Indosso un abito color tortora a scollatura totale di Alberta Ferretti, completato da un coprispalle di chiffon leggerissimo dello stesso colore con le maniche a sbuffo per coprire spalle e braccia durante la cerimonia. Collana di perle e oro rosa di Mikimoto.

L'ABITO ROMANTICO DI BLUMARINE

Anna Molinari è un concentrato di creatività e di idee in un metro e sessanta di statura. Adora le rose e le pietre che luccicano e riesce, anno dopo anno, a creare collezioni che si rinnovano e stupiscono, conservando sempre un inconfondibile tocco romantico.

L'ABITO DI PIZZO DI DOLCE &GABBANA

Confesso di non amare particolarmente il pizzo, ma gli stilisti Dolce e Gabbana, intorno a questo dettaglio e grazie alla loro bravura, hanno costruito un impero e diffuso nel mondo un tipo di moda che si ispira al fascino mediterraneo della Sicilia, terra d'origine di entrambi. Un tubino di pizzo nero castigato ma sexy ci sta nell'armadio dei sogni, eccome!

• DONNE DA COPIARE •

MONICA BELLUCCI, la diva italiana che da anni vive a Parigi, dopo due gravidanze è ancora bellissima anche se non è più sottile come un tempo. Ma, con indosso un tailleur pantalone nero, occhialoni e tacchi altissimi, appare sempre misteriosa e affascinante. Per la sera predilige abiti Dolce & Gabbana che esaltano le sue curve e li abbina tatticamente a scialli per coprire le spalle e le braccia.
Da copiare: gli occhialoni da diva e... ehm, l'ex marito!

IL TAILLEUR DI GIORGIO ARMANI

Di giacche ne ho indossate e provate tantissime e sono convinta che nessuna stia bene addosso come una di Armani. Sarà per le spalle ben costruite, per le giuste proporzioni anche in lunghezza, per i tessuti che usa, ma una giacca di Armani si riconosce lontano un chilometro e rende la donna elegantissima, soprattutto se portata con un pantalone largo un po' maschile.

• L'ALBUM DEI RICORDI •

Settembre 1996, prima puntata di *Verissimo*. Dopo il TG5 è stato il mio primo programma davvero importante, in diretta ogni pomeriggio, una scommessa per Canale 5 e un nuovo modo di fare informazione e intrattenimento che avrei poi condotto per ben 9 anni. Tradendo per una volta gli adorati abiti di Max Mara (che mi ha sempre vestito), avevo scelto un tailleur di Armani rosso fiammante, con pantalone morbido, giacca avvitata in vita, blusa bianca e sciarpa di seta a fiori grigia e rossa. Nei momenti importanti della mia carriera ho sempre indossato colori accesi: il giallo per il primo giorno del TG5 e il rosso per *Verissimo*. Ancora oggi tengo quel tailleur nell'armadio e con grande soddisfazione ogni tanto lo provo e verifico che mi stia ancora bene... Finora non mi ha mai deluso.

• DONNE DA COPIARE •

MARTINA COLOMBARI era già bellissima da ragazzina tanto da diventare Miss Italia ma, se possibile, con gli anni è diventata ancora più interessante e luminosa, e ha messo a punto un look che ne esalta il fascino. Veste moltissimo Armani, e questo già le dona un tocco di raffinatezza impareggiabile. Giacchine sciancrate dai colori polvere o abiti fascianti che valorizzano il fisico sottile e perfetto. Ma il punto di forza di questa splendida trentenne sono le spalle larghe e dritte, con le braccia lunghe e affusolate: i suoi outfit migliori sono quelli che esaltano questa parte del corpo. Di giorno la vedrete andare a prendere a scuola il figlio Achille in leggings e stivaletti bassi. Di sera apparirà in tutto il suo splendore con mise impeccabili. Determinata e attenta alla linea, Martina continua a essere super sportiva e se ha impegni di lavoro si alza alle sei per fare ginnastica. Eroica!
Da copiare: l'eleganza e la sportività... se si riesce.

LA GONNA FANTASIA DI PRADA

Da abbinare a una semplice camicia bianca o a un cappotto nero. È un capo grintoso, modaiolo e finalmente colorato.

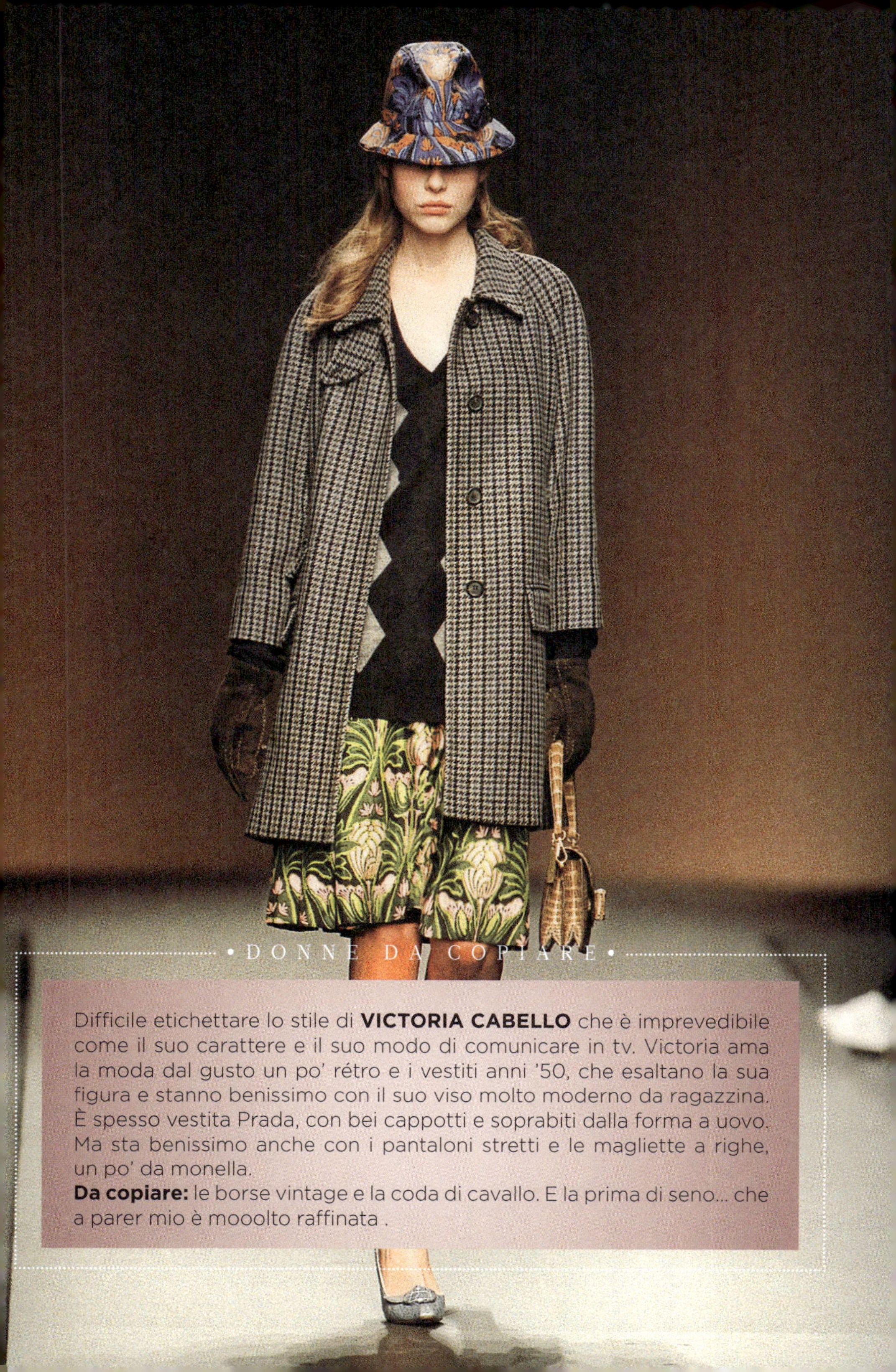

• DONNE DA COPIARE •

Difficile etichettare lo stile di **VICTORIA CABELLO** che è imprevedibile come il suo carattere e il suo modo di comunicare in tv. Victoria ama la moda dal gusto un po' rétro e i vestiti anni '50, che esaltano la sua figura e stanno benissimo con il suo viso molto moderno da ragazzina. È spesso vestita Prada, con bei cappotti e soprabiti dalla forma a uovo. Ma sta benissimo anche con i pantaloni stretti e le magliette a righe, un po' da monella.
Da copiare: le borse vintage e la coda di cavallo. E la prima di seno... che a parer mio è mooolto raffinata .

LA GIACCA SPIRITOSA DI MOSCHINO

Io vado pazza per Moschino e per le sue giacche originalissime. Nelle sue collezioni ha sempre modelli che fanno un po' il verso a Chanel, nell'accostamento del bianco e del nero, nei bottoni d'oro, nelle impunture, ma con l'aggiunta di dettagli esasperati e davvero molto divertenti. Una giacca del genere può essere portata di giorno con un paio di jeans, o resa più raffinata per la sera con un ampio pantalone nero e dei tacchi vertiginosi. La versatilità di questo capo è una delle caratteristiche che preferisco.

LA PELLICCIA DI SIMONETTA RAVIZZA

Lo so, molte non saranno d'accordo, ma secondo me tra gli abiti da sogno non può mancare una pelliccia per le occasioni più eleganti o modaiole. Io non avrei dubbi a sceglierne una di Simonetta Ravizza: leggera come una piuma, colorata e lunga fino a metà coscia, la si può indossare sia con i jeans sia su uno strepitoso abito da sera. Da vera diva!

IL COMPLETO SPORTY CHIC DI ICEBERG

Io non amo le tute, perché trovo che non donino e che siano un po' banali, ma i pantaloni e le bluse tecniche di Iceberg sono tutta un'altra cosa: dalla felpa con i cartoon (capo icona degli anni '80) a oggi, Iceberg in ogni collezione è stato capace di dare vita al look perfetto per chi ama il casual sportivo senza rinunciare all'eleganza contemporanea.

BORSE, BORSE DELLE MIE BRAME...

Una persona si distingue dalla borsa che indossa. Quando sono all'estero, ad esempio, mi accorgo subito se una donna è italiana, perché ha sicuramente una borsetta più bella delle altre. Noi italiani siamo in genere molto curati e attenti al look rispetto alla maggior parte degli stranieri, non sempre lo siamo anche nelle maniere e nell'educazione, ma questo è un altro discorso... Torniamo alle borse. È piuttosto "semplice" avere una borsa firmata: basta essere disponibili a investire una cifra consistente. Ogni stagione le griffe lanciano sul mercato moltissime borse definite "it bag" dai redazionali dei giornali, ma non sempre destinate a durare nel tempo. Meglio non rincorrere l'ultima borsa vista in foto al braccio di qualche starlet – alla quale viene regalata, è bene che lo sappiate! – e concentrarsi sulla "signora borsa", quella che negli anni conserverà intatta la sua eleganza e vi farà sempre sentire perfette.
Ecco il guardaroba dei sogni dedicato solo alle borse, la mia passione!

La **2.55,** di **CHANEL,** quella classica matelassé con la tracolla di catena e nella dimensione originale, è una borsa perfetta per il pomeriggio e per la sera. Il modello è stato creato da quel genio di Coco Chanel che, stanca di portare borse a mano come si faceva allora, ne realizzò una a tracolla. Era il febbraio del 1955 e il modello prese il nome proprio dalla sua data di nascita. La misura più grande è da giorno, super chic con tailleur eleganti ma anche con un paio di jeans, tenendo sempre presente la "magia" dei contrasti. È una borsetta da signora, ma anche da ragazza se portata a tracolla con la catena allungata.

Le icone intramontabili di **HERMÈS** sono due: la **KELLY,** creata negli anni '50 per la principessa Grace che, incinta di Carolina, la usava per nascondere il pancione agli scatti indiscreti dei paparazzi (e ancora oggi strausata dalle signore più chic di tutto il mondo), e la **BIRKIN,** nata negli anni '60 e ispirata al fascino più alternativo di Jane Birkin. Comprarsi una borsa di Hermès significa fare un investimento (si parte da 5.200 euro per la basic e si arriva a cifre stratosferiche per quelle in coccodrillo o altri pellami pregiati!), ma state sicure che non vi stancherà mai e che, a tempo debito, la lascerete in eredità a vostra figlia. Tra le due, io preferisco la Birkin anche perché è più capiente e io amo le borse decisamente grandi. Ma se dovessi ricomprarla oggi, prenderei la misura media e non la grande come ho fatto; è una borsa molto pesante e nella misura inferiore è più proporzionata. Questo è stato il consiglio che ho dato a mia sorella Benedetta quando, forte dei primi guadagni fatti con i suoi libri di cucina, mi disse: "Qui ci vuole una super borsa". Le suggerii la Birkin senza ombra di dubbio. Io ce l'ho color cuoio, lei l'ha presa nera, di dimensione media, rifinita in acciaio: stupenda.

KELLY

BIRKIN

Io amo moltissimo gli accessori di **VALENTINO.** Già ai tempi di Valentino Garavani erano stupendi, oggi lo sono ancora di più grazie alla ventata di eleganza contemporanea che hanno portato i due nuovi direttori creativi, Mariagrazia Chiuri e Pierpaolo Piccioli. Tra le super classiche della Maison c'è la **BORSA RICOPERTA DI BOCCIOLI DI FIORI,** una maxi shopper di pelle morbidissima resa speciale dal decoro, e la **ROCK STUDDED** – la mia preferita! – rifinita con piccole borchie. Unisce lo stile Valentino con la grinta che deve avere oggi una donna moderna.

La **MISS DIOR** nelle sue infinite declinazioni è la borsa da sera per definizione: piccola, perfetta, con i suoi due manici rigidi importanti e le iniziali che fanno capolino. Preziosissima nella versione *grande soirée* tutta decorata di strass, è ugualmente bella in pelle colorata. Un intramontabile accessorio della griffe francese.

In questo momento **CÉLINE** ha la linea di borse più nuove e di tendenza. La **BOSTON BAG** disegnata da Phoebe Philo è forse la più desiderata. Sportiva ma raffinata, divertente eppure chic, si sposa benissimo sia con l'abito elegante sia con il look giovane delle ragazzine. Io ne ho una blu navy che adoro ma devo chiuderla a chiave nell'armadio per timore che mia figlia me la rubi...

La **BAGUETTE** di **FENDI** è stata una delle borse più vendute della storia. Tuttora viene prodotta in tantissime varianti di pellami, colori e decori. È la borsa speciale che può dare il tocco glamour all'abito più semplice e ha una dimensione comodissima per la sera perché non è eccessivamente piccola.

Se preferite una borsa da giorno, un modello intramontabile anche se più recente è la **PEECKABOO** con un solo manico rigido e due scomparti, uno dei quali può restare un po' aperto come per fare "cucù" (a questo si riferisce il buffo nome che le hanno dato...). È una borsa modaiola che però ha già superato gloriosamente il susseguirsi di varie stagioni ed è entrata di diritto nell'olimpo delle it bag. Più classica e, a parer mio, ultraraffinata è la **TOUJOURS,** nella dimensione non troppo grande e nelle mille declinazioni di colore in cui viene proposta.

Chi sceglie **BOTTEGA VENETA** non vuole apparire, ma vuole avere un oggetto frutto di un lavoro artigianale di eccezione, totalmente italiano ed elegantissimo. L'intreccio delle loro borse, senza concessioni a ricami o loghi, è davvero raffinato. Secondo me la **SHOPPING GRANDE** marrone è la più bella che ci sia. Così come è fantastica la piccola **CLUTCH** rigida, da scegliere invece nei colori accesi. Ma, dopo essere entrata da Tiziana Fausti, il negozio multimarca più bello di Bergamo in fatto di abbigliamento e accessori, mi è caduto l'occhio sulla nuova **HANDBAG** nera intrecciata con le frange e ho deciso che nella mia personale e soggettivissima classifica è lei al primo posto.

• DONNE DA COPIARE •

RANIA DI GIORDANIA è una delle donne più eleganti del mondo. Sarà per la sua bellezza sofisticata, naturale e mai troppo appariscente, sarà per la capacità di mescolare lo stile occidentale – che lei ben conosce avendo studiato e vissuto negli Stati Uniti – al fascino arabo, che aggiunge un tocco di femminilità nascosta e ammaliante, è impossibile trovarla meno che perfetta. Va detto che ha una passione per la moda italiana, e come darle torto?

Da copiare: la tonalità dei capelli castani, le mani curatissime, le gonne lunghe indossate con la camicia bianca per la sera. E le borse, stupende.

JACKY O

Tra le tantissime meravigliose borse di **GUCCI** io preferisco quelle senza le due G stampate sulla pelle. Il vero lusso, infatti, non si deve mai vedere troppo. Due i modelli che non passeranno mai di moda: la **JACKY O,** molto moderna e creata su ispirazione dell'ineguagliabile Jacqueline Kennedy Onassis, tuttora attualissima e adatta soprattutto alle più giovani; e la **NEW BAMBOO,** il bauletto rivisitato partendo dall'originale borsa con il manico di bambù, unica per classe e raffinatezza.

NEW BAMBOO

• DONNE DA COPIARE •

Tutte le volte che mi capita di andare a Capri non posso non pensare a **JACQUELINE KENNEDY** che ha amato e frequentato molto quest'isola, e alla tante immagini che la ritraggono con un look ancora oggi così attuale e sofisticato, pur nella sua semplicità: sandali capresi piatti e con un discreto decoro, maglia a righe, pantaloni bianchi corti sulla caviglia, foulard in testa come solo lei sapeva portare e... la sua fedelissima borsa Gucci.
Da copiare: tutto!

Le borse di **BALENCIAGA** sono bellissime ma anche molto sfruttate e purtroppo malamente copiate. Il modello più usato e visto è il **METROPOLIS,** e proprio per questo io non lo comprerei. Piuttosto, se volete una bella borsa grande da viaggio, comprate il modello **WEEKEND:** è molto comodo da portare come bagaglio a mano sull'aereo, e la pelle un po' anticata è bellissima.

Le borse di **PRADA** sono garanzia di eleganza con un tocco di originalità a ogni stagione. Se per caso potete permettervi il lusso di comprarne due all'anno – beate voi! –, allora vale la pena sfoggiare quella nuova che vedete pubblicizzata sui giornali, altrimenti ripiegate su un modello più classico come la borsa **SAFFIANO,** in colori sobri come nero, tortora, blu o panna: non vi stancherete mai di usarla.

SAFFIANO

D BAG

Negli anni **TOD'S** ha messo a punto la **D BAG** – un modello storico creato a suo tempo per lady Diana –, che è diventata una borsa perfetta per il giorno, comoda ed elegante. Io conservo nel mio armadio la D bag di allora, in colore vacchetta chiaro che tante volte avevo visto nelle foto al braccio della principessa, ma quella di oggi è più morbida, in pellami diversi (io adoro quelle pitonate!), super capiente e raffinata. Proprio come lo stile dell'azienda. A proposito, l'ultima nata si chiama **SELLA** e merita anche lei tutta la nostra attenzione.

SELLA

Per uno stile molto femminile e metropolitano, la borsa giusta è la **PRISMIK** di **ROGER VIVIER.** Non troppo grande e con la catena da mettere in spalla, ha la dimensione ideale per essere utilizzata di giorno e di sera. E poi ha quel tocco di eleganza francese che fa la differenza...

PRISMIK

Tra le grandi borse italiane non si possono non citare quelle di **FERRAGAMO.** In mezzo ai tanti modelli forse un po' classici ma perfetti da signora, la mia preferita resta la **SOFIA,** che per forme e dimensioni ricorda la Kelly di Hermès. Con il manico corto e rotondo, è dotata di una chiusura a patella ed è impreziosita da dettagli metallici che la rendono unica e speciale.

SOFIA

FALABELLA

La **FALABELLA** di **STELLA McCARTNEY** ha avuto un successo strepitoso. È una borsa assai furba, capiente e moderna con i manici in catena di metallo e pellami morbidi e colorati. Non è ancora una delle borse immortali, ma forse lo diventerà. Le ragazzine la adorano. Compresa mia figlia – purtroppo! –, che cerca sempre di rubarmi la mia color avorio, delicatissima...

TRUSSARDI ha una tradizione di borse classiche e sobrie e, da quando la direzione creativa della Maison del levriero è nella mani di Gaia Trussardi, c'è una bag che si merita di entrare in classifica: si chiama **LUCINDA** (l'avrete sicuramente vista al braccio di Michelle Hunziker). Ha una forma panciuta e capiente, esiste in tinta unita o in colori a contrasto, ed è accessoriata con manico e tracolla. La versione mini da sera è una vera delizia.

LUCINDA

• DONNE DA COPIARE •

MICHELLE HUNZIKER ha una bellezza fresca e un'allegria contagiosa che la rendono simpatica e perfetta anche senza avere uno stile particolare che la contraddistingua. A me piace molto quando si veste di bianco, con abiti minimal dal taglio rigoroso, o quando viene paparazzata per strada con jeans, piumino e stivali da cavallerizza. Sicuramente le ha giovato molto - non solo per il look, ma anche per la sua serenità personale - l'incontro e il fidanzamento con Tomaso Trussardi, erede della storica casa di moda del levriero. Da showgirl brillante ma non particolarmente elegante, Michelle si è trasformata in una giovane signora vestita con abiti più severi e perfetti per i suoi capelli biondi.
Da copiare: i jeans infilati nello stivale piatto di pelle lucida e la frangetta con la chioma sciolta sulle spalle, oppure il trench di pelle e i capelli raccolti.

RALPH LAUREN: la **RICKY BAG** è una borsa importante nata nel 2006 per volontà del patron della Maison americana che l'ha voluta dedicare alla bellissima moglie, da sempre fonte di ispirazione per la sua eleganza innata e la sua naturale bellezza. La signora bionda che la porta al braccio nella preziosa versione in coccodrillo è effettivamente una splendida musa ispiratrice. E la borsa, una shopping geometrica caratterizzata da vistose rifiniture in metallo, racchiude in sé lo stile country chic della griffe. È un modello adatto a quelle donne che portano gli anni con leggerezza e si sentono sempre giovani.

RICKY BAG

6

NON HO NIENTE DA METTERMI!

UNA SERATA IN DISCOTECA • IL COLLOQUIO DI LAVORO
LA RIMPATRIATA CON I COMPAGNI DI SCUOLA • IL PRIMO APPUNTAMENTO
COMODAMENTE A CASA • LA PRESENTAZIONE UFFICIALE IN FAMIGLIA
UN INVITO A UN MATRIMONIO • L'ABITO DA SPOSA • LA MADRINA
A UNA SFILATA DI MODA • UNA CENA IN UN LOCALE ALLA MODA
LE FESTE DI NATALE • CAPODANNO
UNA CENA DA PADRONA DI CASA • IN LUNGO

Dite la verità: vi è mai capitata la seguente scena? Di fronte all'armadio pieno zeppo di vestiti siete colte da una sorta di smarrimento che vi impedisce di mettere a fuoco quale tipo di abbigliamento sarebbe adatto per l'impegno che vi attende a breve, andate in confusione, vi sentite perse, e l'unica cosa che riuscite a dire è: "Aaah, non ho niente da mettermi!". In realtà probabilmente i capi giusti ci sono ma sono sepolti sotto mille altre cose – la cabina armadio di Sarah Jessica Parker in Sex and the City *la sogniamo tutte… – o a volte avete la luna storta e vi manca la fantasia per valorizzarvi e tirar fuori il meglio di voi. In questi casi, prima di agguantare il portafogli e dirigervi minacciose verso un negozio qualsiasi (e prima ancora di litigare con il marito/fidanzato/compagno giustamente stizzito di fronte al diciottesimo cambio di abito), eccovi qualche semplice e veloce consiglio per riprendere in mano la situazione e non sbagliare look, e anche alcune foto con i miei vestiti preferiti.*

UNA SERATA IN DISCOTECA

Confesso di non frequentare più tanto le discoteche, salvo una o due volte all'anno (d'estate e al mare), ma vedo come si vestono i miei figli ormai adolescenti, gli unici a cui non riesco a dare consigli di moda! Ebbene sì, perché il loro abbigliamento ideale è quello che indossano tutti gli altri, esattamente il contrario delle mie teorie sul fatto di avere uno stile proprio e riconoscibile. Canotta, jeans e scarpe da ginnastica compongono la divisa più comune. In alternativa, giubbotto di pelle nero, jeans scuri e anfibi ai piedi.

Ho provato moltissime volte a convincere mia figlia – anche a costo di sacrificare qualche mio capo – a usare un tubino di pelle, una minigonna particolare con sotto i leggings, un top un po' più grintoso o un gilet nero da uomo con la canotta sotto, ma niente da fare... se però volete provare voi, secondo me può funzionare!

IL COLLOQUIO DI LAVORO

È fondamentale ricordarsi che l'obiettivo del colloquio di lavoro è fare bella impressione, non certo per l'abbigliamento ma per la professionalità. Perciò in questo caso l'abito non deve colpire più della personalità o del carisma, ma deve essere in perfetta armonia con il vostro modo di essere. Va da sé che se in ballo c'è un posto da redattrice di moda in una rivista molto glamour, un pizzico di originalità può essere apprezzata, ma con i tempi che corrono è meglio non rischiare di sprecare un'occasione importante venendo bollate come... esibizioniste o frivole o, peggio, poco affidabili.

Purtroppo, quando si tratta di prima impressione, la prudenza non è mai troppa quindi, care amiche, io andrei sul classico, che non vuol assolutamente dire trasandato, sia ben chiaro!

No ai tacchi troppo alti, alle scollature eccessive e alle minigonne. Eviterei anche i jeans che sono e restano un capo troppo informale in questo genere di occasione professionale.

Sì al pantalone di un buon tessuto, magari di taglio maschile, abbinato a una camicia chiara o a una bella maglia non troppo pesante. Se siete di altezza media, potete usare un pantalone a vita alta e osare un po' di tacco. Completate il look con una bella cintura sottile o, se volete essere ancora più chic, con un foulard di seta in contrasto e un solo gioiello.

In alternativa: la gonna al posto dei pantaloni abbinata a una giacca avvitata, o il classico abitino blu (nero fa un po' troppo sera) e qualche accessorio in cuoio (cinturina e ballerine ad esempio). Mi raccomando, non cadetemi su un vestito sbracciato! Non siete mica Michelle Obama... o almeno, non ancora.

• L'ALBUM DEI RICORDI •

Correva l'anno 1989 e, dopo aver esordito come giornalista sportiva a Odeon TV in un programma di calcio dal titolo profetico *Forza Italia*, mi presentai in Mediaset (allora Fininvest) per un colloquio di lavoro. Ero terrorizzata perché il produttore della trasmissione in cui lavoravo era acerrimo nemico di Marino Bartoletti, il capo della redazione sportiva che mi avrebbe fatto il colloquio. Avevo la quasi certezza che mi avrebbe cacciato e invece, incredibilmente, sia lui sia Giovanni Bruno, altro grande giornalista sportivo, mi arruolarono subito in redazione per lavorare a *Pressing* e presentare *Calciomania*, primo ruolo importante da conduttrice.

Ricordo perfettamente il mio look da super brava ragazza, lo stesso che avevo usato per la laurea poco tempo prima: gonna grigio scuro di Tasmania leggera e dritta fino al ginocchio, camicia azzurra, giacca blazer a quadretti beige e marroni e ballerine.
Il tocco personale era il cerchietto che in quel periodo portavo sempre con i capelli alle spalle: piuttosto largo, marrone di pelle stampa cocco. Come dire, non proprio aggressiva e provocante, ma le porte della tv si aprirono lo stesso...

TOP
CON FRANGE

PANTALONI
A SIGARETTA

SANDALI
TACCO 12

COLLANE LUNGHE
E DIVERTENTI

LA RIMPATRIATA CON I COMPAGNI DI SCUOLA

Confesso di non averne mai fatte: avendo cambiato città tante volte nella mia vita, ho un po' perso di vista i compagni del liceo e solo grazie a mia mamma ogni tanto ho sporadiche notizie sulle loro vite. Ma l'abitudine di ritrovarsi a distanza di decenni è piuttosto comune ed è sicuramente il momento in cui bisogna apparire perfettissime, anzi... impeccabili!

In quelle occasioni è inevitabile rimanere di stucco di fronte ai capelli grigi e alle pance di quelli che un tempo erano aitanti giovanotti, o provare un po' di invidia per quella compagna insignificante che con il tempo è diventata una splendida donna. Dunque bisogna apparire il più giovani possibili e assolutamente in forma per non essere il bersaglio del fatidico commento dietro le spalle: "Mamma mia, com'è invecchiata...". Io sceglierei un look giovane e grintoso con jeans, blusa o camicia e una giacca o un golf un po' lunghi che coprano, se necessario, le rotondità di troppo. Lasciate perdere i vestitini da sciurette e i tacchettini. Sembrerete molto più giovani vestendovi in maniera informale ma con un tocco glam che non fa mai male. Non truccatevi troppo; se volete, fatevi una lampada leggera che vi dia un velo di abbronzatura, mettevi degli stivaletti con il tacco e una pashmina al collo per nascondere eventuali rughe. Dato che la vostra età la sanno tutti, ricordatevi che l'importante non sono gli anni che avete ma come li "indossate"!

IL PRIMO APPUNTAMENTO

La regola è non svelare mai troppo di sé alla prima occasione. Il fascino di una donna è fatto in buona parte di mistero e di mille volti da scoprire col tempo, dunque al primo appuntamento io non metterei in mostra tutto il campionario. Certo, bisogna colpire nel segno ma lasciate al vostro potenziale futuro compagno la voglia di rivedervi e di scoprire piano piano che potete essere ancora meglio...

Dunque evitate un look troppo sexy e aggressivo, della serie "mi sono preparata per stenderti al primo sguardo"; vi prego, niente calze a rete o, peggio ancora, autoreggenti che fanno capolino; banditi i push-up ingannevoli e francamente volgari, e guai a voi se indossate qualcosa di trasparente! Credo che oggi gli uomini siano un po' terrorizzati dalle donne troppo intraprendenti. Lasciate loro il dubbio su quali siano le vostre intenzioni, ma fate in modo che il vostro abbigliamento vi renda in quel momento assolutamente affascinanti e uniche.

Se avete delle belle gambe, valorizzatele affinché lui se ne accorga e abbia voglia di... approfondire. Dunque sì a una tunica o a un maglione lungo fino a metà coscia indossato rigorosamente con pantaloni stretti o leggings, che esaltino le forme senza essere volgari. Una delle parti più seducenti del corpo femminile è la caviglia, e allora lasciatela scoperta usando sandali o décolleté, purché non troppo alti. Assolutamente proibito indossare sotto collant o gambaletti perché, nel caso la serata dovesse prendere una piega molto intima, finireste per non essere all'altezza della situazione. Scegliete con cura anche la biancheria, ma non puntate tutto su quello. La seta nera o avorio è sempre la più chic e le culotte, un po' morbide e coprenti, sono in assoluto il capo che dona di più a qualsiasi donna.

• L'ALBUM DEI RICORDI •

Da ragazza ho avuto parecchi primi appuntamenti, ma quello che mi ha cambiato la vita è stato nel 1992, con l'uomo che poi è diventato mio marito. Io lavoravo a Roma al TG5 appena nato e spesso conducevo l'edizione della mezzanotte restando in redazione fino a tardi. Lui (Giorgio Gori), che allora era il direttore di rete, si fermava a seguire anche quest'ultima edizione un po' troppo spesso, e solo quando c'ero io... L'ennesima volta che me lo ritrovai lì, alle dieci di sera, a sfogliare distrattamente le pagine dei cinema di un quotidiano, presi l'iniziativa e gli proposi di andare al cinema la sera seguente. Andammo a vedere *Paura di amare* con Al Pacino e Michelle Pfeiffer, film romanticissimo e galeotto. Io indossavo un tailleur pantalone di Max Mara (l'azienda che da allora mi ha sempre vestita per la conduzione del tg), mocassini e borsa grande da lavoro. A rivedermi adesso mi sembra un look un po' da signora, ma allora (erano i primi anni '90), ci si vestiva più formali e poi io mi sentivo investita di un ruolo importante, quello di anchorwoman del primo telegiornale Mediaset. Avevo solo 28 anni e compensavo il viso da bambina con i tailleurini bon ton.

LA RIMPATRIATA CON I COMPAGNI DI SCUOLA

GIACCA DI TWEED

JEANS A TUBO

SCARPE STRINGATE

SCIARPA FANTASIA

SHOPPING BAG DI PELLE

IMPERMEABILE BEIGE

TOP
IN JERSEY
E PELLE

COLLANA
LUMINOSA

GONNA
FANTASIA

LEGGINGS
ALLA CAVIGLIA

BALLERINE
CON IL TACCO

COMODAMENTE A CASA

La vera eleganza non si vede solo dall'abito da sera, ma soprattutto dall'abbigliamento più casual e semplice. Ecco perché anche a casa bisogna avere un proprio stile: di sicuro più confortevole e semplice, ma mai trasandato e sciatto. E questo lo dico non solo a beneficio della vita di coppia (anche il marito più amorevolmente appassionato, infatti, finisce per vacillare di fronte alla mogliettina sempre in ciabatte e tutone sformate), ma anche perché, care amiche, non si può mai sapere chi suoni alla porta! Meglio non presentarsi in vestaglia e bigodini. Dunque, come vestirsi? Io detesto le tute da ginnastica, o meglio le uso solo per fare sport, mentre per stare in casa preferisco essere meno sportiva e più comoda. L'ideale per me sono i leggings neri o grigi completati da un paio di ballerine sfiziose ai piedi e da una maglia (d'inverno decisamente più pesante, d'estate leggera) che arrivi a metà coscia e da cui spunti il collo di una T-shirt bianca. L'alternativa può essere un abito (di maglia o di cotone pesante) corto al ginocchio con i collant super coprenti e scarpe piatte.

In casa io amo anche gli stivali australiani con il pelo all'interno, perché tengono caldi i piedi e si indossano senza calze. Vi assicuro che, dopo una giornata in giro sui tacchi, infilare il piedino nella morbidezza di queste calzature è una sensazione davvero piacevole e rigenerante.

LA PRESENTAZIONE UFFICIALE IN FAMIGLIA

È un momento delicatissimo per qualsiasi ragazza, dunque è proibito sbagliare. Come nel colloquio di lavoro, anche in questo caso devono emergere il vostro carattere e la vostra personalità, non certo il look ma, visto che l'abito è la prima cosa che si vede, dovete fare in modo che venga subito apprezzato. Deve essere un abbigliamento curato: che sia elegante per un invito a cena o più casual per un incontro a casa o un semplice caffè in centro, dovete dare l'impressione di essere ragazze di gusto, attente al dettaglio, raffinate, non approssimative o sempliciotte.

Quindi sono proibiti gli accostamenti di colori troppo azzardati, le mise troppo modaiole e invece via libera a un look con il quale vi sentite a vostro agio, con naturalezza. Scegliete un pantalone, una gonna o un abito di buon tessuto, accessoriatelo in maniera sobria e il gioco è fatto. I genitori della vostra dolce metà vogliono vedere una ragazza bella ed elegante, perciò indugiate più sul bon ton che sul metal rock, anche se magari nella vita di tutti i giorni siete più grintose. Evitate di indossare i tacchi più alti che avete (anche se io difficilmente ci rinuncio), spacchi o scollature vertiginose; truccatevi con cura e presentatevi con i capelli in ordine, una goccia di profumo e un bellissimo sorriso.

Non dimenticate di stringere la mano ai genitori del vostro compagno; la stretta però non deve mai essere molle ma vigorosa e decisa. Siete una donna di carattere e di gusto, per questo avete scelto il loro splendido figliolo!

• L'ALBUM DEI RICORDI •

L'incontro con i (potenziali) futuri suoceri non si scorda mai. Il mio l'ho ben presente, anche perché si svolse in un'occasione molto speciale e di fronte alla famiglia Gori al gran completo, che ancora non conoscevo. Era l'11 luglio del 1992 ed era il giorno del matrimonio di uno dei fratelli di Giorgio, Andrea, 3 anni più giovane di lui, allora brillante medico infettivologo, oggi primario e uno dei più importanti esperti di questo ramo della medicina. Le nozze erano previste a Vello, piccolo paesino sul lago di Iseo, dove i Gori hanno una casa di villeggiatura. Cerimonia in chiesa e rinfresco in giardino.

Ricordo che indossavo un tailleur di Max Mara, gonna dritta e giacca a sacchetto, che mescolava diversi colori pastello: bianco panna, rosa chiaro, azzurro polvere e giallo paglierino. Orecchini di perle al lobo, scarpe Chanel color panna e borsa in tinta. Come sempre quando riguardo le foto di quell'epoca mi sembra di essere vestita troppo da signora considerato che non avevo ancora 30 anni. Ma d'altra parte quello era un look con il quale mi sentivo molto a mio agio. L'incontro con i genitori di Giorgio, Mimma e Alberto, avvenne tra i banchi della chiesetta, e lo splendido sorriso aperto e sincero che mi rivolsero fu il migliore benvenuto che potessi augurarmi. Purtroppo quel giorno il tempo fu meno clemente e dopo la messa venne giù così tanta acqua che il rinfresco venne spostato al chiuso nel club di vela. Le mie scarpette chiare subirono danni irreparabili, ma l'ingresso in famiglia fu un trionfo.

CAMICIA CON COLLO ALLA COREANA

JEANS A SIGARETTA

DÉCOLLETÉ DI VERNICE E POCHETTE IN TONO

ABITO DI SETA CON FANTASIA FLOREALE

SANDALI CON ZEPPA

CAPPELLO DI PAGLIA A TESA LARGA

ORECCHINI PENDENTI COLORATI

UN INVITO A UN MATRIMONIO

La prima regola fondamentale da ricordarsi quando ci si prepara per andare a un matrimonio è che gli occhi di tutti devono essere concentrati sulla sposa. Evitate dunque un look troppo appariscente, ricamato o sexy. Gli ospiti devono risultare eleganti senza strafare.

Non ci si può vestire né di bianco né di nero, anche se ultimamente ho notato che per i matrimoni che si svolgono di pomeriggio con cena e festa a seguire, tante signore mettono l'abitino nero. Secondo me è da evitare e, se proprio amate i colori scuri, piuttosto scegliete un bel blu, che oltretutto è molto più nuovo.

I colori ideali da indossare per un matrimonio sono quelli neutri: dal beige e panna al grigio perla o grigio più scuro, fino alle tonalità pastello magari un po' sfumate, tipo rosa cipria, azzurro polvere e così via. Io non amo molto i tessuti fantasia e trovo che la tinta unita sia sempre più elegante e formale, ma se voi amate le stampe, l'importante è non scegliere disegni troppo chiassosi e dai colori sgargianti.

Per questa occasione l'abito è la scelta più corretta, con uno spolverino, una giacca o una stola leggera che copra le spalle perché in chiesa, anche se fa molto caldo, non è bello sfoggiare braccia e spalle nude.

È sicuramente l'occasione giusta per indossare un gioiello importante (uno solo, però!), come una bella spilla sull'abito o un paio di orecchini preziosi. E per innalzarsi su un paio di scarpe con il tacco, l'ideale è il modello Chanel; non esagerate con accessori da sera, come sandali troppo dorati o lavorati.

A meno che non sia un matrimonio estivo, mettetevi le calze.

Proibite le shopping bag troppo grandi, l'ideale è una borsetta a due manici o a tracolla o, ancora più chic anche se più scomoda, una clutch da tenere in mano oppure sotto il braccio.

Se volete essere notate e dare un tocco particolarmente raffinato alla vostra mise, potete completare il look con un paio di guanti in tinta con il vestito o concedervi il vezzo di portare il cappello. Ma attenzione: il cappello si usa solo per le cerimonie al mattino. Se il matrimonio è al pomeriggio con cena a seguire, sono vietati i cappelli a tesa larga ma concessi i *fascinator* guarniti di fiori o fiocchi da fissare tra i capelli, di gran moda ultimamente

• L'ALBUM DEI RICORDI •

L'occasione per la quale mi sono preparata con più cura è stata quella delle nozze reali tra William d'Inghilterra e Kate Middleton. Non fraintendetemi: non ero tra gli ospiti del matrimonio ma inviata dal TG5 per commentare in diretta l'evento, e di conseguenza mi sentivo comunque partecipe di quell'atmosfera di festa davvero molto, molto elegante.
Avevamo una postazione strategica sul balcone di un palazzo accanto all'abbazia di Westminster da dove ho raccontato in diretta ogni momento di quelle nozze favolose, indossando un completo di Max Mara composto da tubino e spolverino della stessa fantasia su fondo beige con grandi fiori blu. Quello che i telespettatori non hanno potuto vedere è che sotto lo spolverino ero equipaggiata con un'imbragatura di plastica arancione, perché in realtà quel balcone non era praticabile e ci si poteva accedere solo scavalcando una finestra! Non vi dico le risate quando ho dovuto compiere quell'acrobazia con il mio vestitino strettissimo e gli immancabili tacchi... I rischi del mestiere!

L'ABITO DA SPOSA

Adoro i matrimoni, le feste di nozze e l'atmosfera di gioia ed emozione che si crea. Il grande giorno dev'essere memorabile per la coppia che ha deciso di promettersi amore eterno e di iniziare un cammino insieme, quindi bisogna fare in modo che ogni cosa sia perfetta. A partire dall'abito della sposa.

- Mi permetto di darvi qualche suggerimento semplice, semplice per non commettere errori. Nella vita di una donna la scelta dell'abito da sposa rappresenta un momento bellissimo, intenso, ma tutt'altro che facile. Insomma, non arrivo a dire che sia importante quanto la scelta del marito, ma... poco ci manca!
- Non andate a comprare il vestito insieme a troppe persone. Fatevi accompagnare da una sola di cui vi fidate molto: la mamma, la suocera, l'amica del cuore o l'amico gay. Tenete presente che non può essere una decisione presa da dieci persone. Avete presente *Abito da sposa cercasi*, il delizioso

programma di Real Time in cui la poverina sfila di fronte a parenti e amici e ognuno di loro dice la sua? Ecco, evitate di trovarvi in una situazione simile, perché metterli tutti d'accordo è impossibile, e solo la sposa sa qual è davvero l'abito giusto.

- Il vestito deve rispecchiare la vostra personalità. Giusto. Se siete un maschiaccio, inutile insistere con pizzi e volant, piuttosto scegliete un tailleur pantalone bianco. Quel giorno non mascheratevi da quello che non siete.
- Vietato essere troppo sexy. La sposa vuole essere guardata e ammirata e sentirsi bellissima, ma questo non la autorizza, soprattutto in chiesa, a presentarsi come una candida panterona! Evitate le scollature totali o abissali dell'abito (a maggior ragione se siete dotate di un seno importante), guai a osare spacchi o trasparenze eccessive. L'abito da sposa dev'essere elegante ma mai troppo seducente. E in chiesa le spalle vanno coperte.
- È importante che l'abito sia bello ma anche comodo. Ricordatevi che dovete stare in piedi per molto tempo, salutare e baciare tutti, fare mille fotografie. Non scegliete quindi un corpino che vi stringe tanto da togliervi il respiro o una gonna così ingombrante da non riuscire a sedervi. Tantomeno tacchi esagerati o troppo sottili. Quel giorno dovete essere belle, ma anche godervi la festa...

• L'ALBUM DEI RICORDI •

Se dovessi sposarmi adesso, non sceglierei il mio abito da sposa! Ma allora - era il 1995 - quel vestito semplice, romantico e un po' hippy mi assomigliava parecchio. Il modello era caratterizzato da due veli sovrapposti, scollo a barchetta e maniche lunghe e trasparenti. Aveva gli orli sfalsati e bordati di pizzo. Non avevo voluto il velo ma l'acconciatura che avevo studiato con Roberto Rimoldi, lo stilista di Max Mara che lo aveva disegnato. Consisteva in chioma sciolta e coroncina di fiori bianchi. Tutte le volte che riguardo le foto, però, non posso fare a meno di pensare che, con i capelli lunghi e i fiori in testa, sembravo vagamente... Cicciolina!

C'è chi addirittura sceglie di sfoggiare due vestiti: uno per la cerimonia e uno per la festa. Francamente io lo trovo inadatto. L'abito da sposa di solito si indossa una volta sola nella vita, va almeno tenuto tutto il giorno! Anche Belén si è cambiata tra un momento e l'altro del suo mega matrimonio ma, amiche mie, quello era uno show da rotocalco, e lei è una donna di spettacolo. Senza contare il fatto, non irrilevante, che le avranno sicuramente regalato gli abiti... E comunque è bene che la sposa rimanga bella e casta tutto il giorno (togliendosi velo e strascico al massimo), ma senza trasformarsi in una sexy lady per aprire le danze.
Al contrario, approvo la scelta di chi preferisce puntare su un abito non necessariamente da sposa ma riutilizzabile poi per altre occasioni importanti. Ci sono molti vestiti lunghi semplici ed eleganti che, arricchiti da un bouquet o da una piccola acconciatura, possono essere adatti a una sposa moderna e meno impegnativa.
Non esagerate con i gioielli. Non sono necessari. Potete usare piccoli orecchini (meglio ancora se di famiglia) o un brillante al collo, ma quel giorno la sposa deve risplendere della sua luce e indossare l'unico gioiello davvero importante, l'anello.
Se siete tentate da un abito colorato, fate un respiro profondo e ripensateci con calma almeno tre volte. È veramente difficile risultare raffinate ed eleganti con un vestito da sposa rosso o blu scuro. La tradizione, in questo caso, vince sempre sull'originalità. E, a meno che non siate una pop star o un'artista super alternativa, andate sul sicuro con le sfumature di bianco, panna e avorio che peraltro donano una luce speciale al volto.
Buttate un occhio anche all'abito del marito. Lui, si sa, non può vedere quello della sposa prima del gran giorno, ma lei forse sì... Per evitare che si presenti con completi troppo lucidi o dai colori improbabili o, peggio ancora, con lo smoking, che è vietatissimo per le nozze, essendo un abito da sera e non da cerimonia. Il vestito dello sposo dev'essere blu o grigio, oppure può essere un tight, se la cerimonia è particolarmente elegante.
Ultimo suggerimento: non truccatevi troppo e soprattutto non mettetevi un rossetto acceso perché, con tutti i baci che dovrete dare, rischiate di lasciare troppe tracce... e di imbrattare il neomarito in maniera imbarazzante.
Non mi resta che farvi i miei più cari e sinceri auguri!

LA MADRINA

La gioia che si respira a un battesimo deve rispecchiarsi nell'abbigliamento. Essere la madrina è una responsabilità importante e, anche se la cerimonia e la festa non saranno particolarmente sfarzose, bisogna essere vestite in modo appropriato. Di solito i battesimi sono di mattino e sono occasioni molto familiari in cui ci sono tanti bambini piccoli. Evitate dunque di strizzarvi in un abito troppo corto o scollato e scegliete un look che rifletta quell'atmosfera nel colore e nel taglio. Non c'è un dress code preciso ma di certo un abito al ginocchio color pastello o in tinta unita o con una fantasia floreale è perfetto. In alternativa, se non amate i colori, il panna va sempre bene. Una giacca o uno sploverino sulle spalle renderanno l'abito più formale, così come una borsa a tracolla non troppo grande. Per chi non ama i vestitini, va bene un bel pantalone o jeans blu scuro e una camicia di seta in tinta unita o a piccola fantasia. Ai piedi l'ideale sono delle ballerine abbinate o delle scarpe con un tacco gestibile in un prato dove scorrazzano i bambini. (Nella foto accanto ho dei sandali vertiginosi, lo so, ma il trucco sta nel portarmi dietro un paio di ballerine da indossare all'occorrenza.)

• L'ALBUM DEI RICORDI •

Avendo tre figli nati in estate ho sempre festeggiato il loro battesimo con un pranzo veloce nel giardino di casa: una ventina di persone tra familiari e amici più cari, in un'atmosfera amichevole e non troppo elegante. Ricordo che Alessandro, però, tornando dalla chiesa pensò bene di rigurgitare tutto il latte che gli avevo dato la mattina sul mio bel vestitino rosso, del quale ero molto fiera. Meno male che avevo organizzato il rinfresco in casa, così, appena rientrati, sono andata a cambiarmi ripiegando su una camicia di seta color panna, un paio di pantaloni blu di shantung e delle ballerine con un dito di tacco per potermi muovere sull'erba senza affondare.

GIACCA DI LANA BOUCLÉ

CAMICIA DI SETA

JEANS SKINNY

SANDALI TACCO 12

A UNA SFILATA DI MODA

Se vi capita di andare a vedere una sfilata, noterete che è quasi più divertente osservare gli ospiti nel parterre che gli abiti in passerella. L'ambiente della moda è per sua natura fatto di immagine, quindi anche di piccole o grandi esagerazioni nel look. La parola d'ordine è farsi notare, essere trendy, dunque anticipare le tendenze che verranno... anche a costo di indossare sandali estivi alle sfilate di febbraio quando a Milano nevica e la temperatura è sotto zero!

Il nero è il colore degli addetti ai lavori, dunque non esitate a optare per un abbigliamento dark, purché ci sia un tocco speciale, come un cappottino di una fantasia appariscente o una pelliccetta (anche ecologica) di una tinta non scontata (viola o fluo, ad esempio). Tacchi di ordinanza (meglio i tronchetti delle décolleté), guantini di pelle nera e borsa clutch di un colore intonato al capo spalla. Ah, non dimenticate gli occhiali da sole grandi e neri. Le giornaliste di moda non li tolgono mai per non far trasparire dai loro occhi il benché minimo commento sugli abiti che sfilano in passerella.

• DONNE DA COPIARE •

ARISA è raffinata e modaiola. Dal suo debutto a Sanremo con occhialoni e look da imbranata, il suo stile è cambiato scoprendo a poco a poco una nuova femminilità. L'esperienza di *X Factor*, vetrina importantissima per il look, l'ha fatta letteralmente sbocciare: dimagrita, più sicura di sé con un taglio maschile alla moda, indossa con disinvoltura abiti aggressivi, tuniche di pelle nera, stivali tipo calze dal tacco altissimo abbinati a colori accesi e a bijoux moderni. L'ho incontrata di recente a una sfilata, e mescolava benissimo il soprabito di tweed, la gonna longuette a quadretti più piccoli con i leggings color carne corti sopra la caviglia e i sandali modello Chanel di cocco marrone. Stava benissimo. Diversa dalle altre, rétro eppure moderna.
Da copiare: il taglio di capelli, gli abiti anni '50 a vita stretta e le gonne a ruota.

UNA CENA IN UN LOCALE ALLA MODA

Confesso che è una delle occasioni che preferisco, perché finalmente si può osare un abbigliamento non per forza sobrio senza essere giudicate esibizioniste. Tutto sta nel trovare la giusta misura tra il look eccentrico e lo stile, che non deve mai mancare, o si rischierà di sembrare una maschera di carnevale.

Il tacco, di ordinanza, può essere quello di un bel décolleté o di un tronchetto alla caviglia, dipende dal look che avete scelto per entrare in un locale e farvi notare.

Ora come ora, io opterei per un pantalone di pelle nera che trovo sempre molto giusto, una camicia o blusa di seta panna, dei tacchi altissimi e una collana lunga con un ciondolo importante. Se siete super slim il pantalone di pelle attillato è splendido, basta ovviamente non appesantirlo con cinture, borchie e metalli vari; ancora più chic è il pantalone di pelle di taglio maschile, pinces e gamba un po' larga. Ha il vantaggio di stare bene anche a chi ha una taglia non proprio da modella, è poco visto e lo trovo elegantissimo abbinato a una giacca nera di gabardine con le spalle un po' importanti e una bella clutch.

Ricordatevi di non usare una shopping bag gigante per andare a cena, soprattutto se è super firmata. Meglio una borsa piccola ma di carattere: con il pantalone è bella la forma piatta e allungata, con l'abito una borsa più preziosa dalla linea arrotondata.

Infine con un look del genere potreste osare anche il cappello: un Borsalino a tesa larga sarebbe perfetto per attirare lo sguardo di tutti su di voi, ve la sentite? In ogni caso, dopo essere entrate al ristorante, lasciate il cappello al guardaroba.

• L'ALBUM DEI RICORDI •

Difficile mettere a fuoco una sola delle tante, bellissime cene in locali super trendy a cui sono stata invitata in tutti questi anni di lavoro nel mondo della moda. Però mi ricordo di una cena in una delle sale dell'Hotel Ritz a Parigi dopo la sfilata organizzata da Valentino Garavani, quando ancora dirigeva la sua Maison. Invece di indossare uno dei meravigliosi abiti che lo showroom di Valentino mi avrebbe prestato per l'occasione, optai per un pezzo storico, sempre di Valentino, che avevo comprato poco tempo prima a Bergamo da Art House (un paradiso per chi ama vestiti e accessori vintage), dalla mia amica Fiorella. Nero, sbracciato, di seta goffrata, con il corpetto semplice, il colletto piatto, la gonna al ginocchio impreziosita da tre balze e sulla schiena un'infinità di raffinatissimi bottoncini di seta. Avevo una camelia candida appuntata sotto il collo, orecchini di perle piuttosto importanti e scarpe alte di Prada a contrasto con il fascino classico dell'abito e della borsa matelassé 2.55. Valentino in persona venne a donarmi una rosa e a complimentarsi per la mia eleganza. Quella sera mi sentii una vera regina.

A UNA SFILATA DI MODA

TOP IN JERSEY E PELLICCIA

GONNA A PIEGHE

GIACCA VINTAGE

CALZINI CORTI

SANDALI CON PLATEAU

BORSA CON INSERTI IN CAVALLINO

GUANTI LUNGHI DI PELLE

COLLANA RIGIDA CON SWAROVSKI

UNA CENA IN UN LOCALE ALLA MODA

COAT
IN CAVALLINO

PANTALONI
A SIGARETTA

TRONCHETTI
SCAMOSCIATI

BORSA
2.55

GUANTI
DI PELLE

CAPPELLO
BORSALINO

LE FESTE DI NATALE

La magia del Natale si rispecchia anche nelle molte occasioni festaiole che lo accompagnano e per le quali, che si tratti di semplici cene in famiglia o eventi super mondani, ci si può concedere il lusso di essere un po' più scintillanti del solito. O almeno luminose.

Se potete, evitate il nero, il viola, il marrone o il grigio (a meno che non sia un grigio chiaro in un tessuto prezioso) e concentratevi sul verde (bellissimo nei toni un po' scuri e cangianti), sul blu (sempre elegantissimo) e ovviamente sul rosso. Se nell'armadio avete un abito rosso che avreste sempre voluto mettere, questa è l'occasione giusta. Scarpe e borsa possono essere neri (più aggressivi), meglio di raso che di vernice, oppure cipria (più chic). Con il rosso io non metterei gioielli in oro ma solo colpi di luce bianca o, se siete così fortunate da avere degli strepitosi rubini, be'... non esitate. Inoltre con questo colore spiccano sempre le unghie laccate. Mi raccomando: se non trovate uno smalto perfettamente in nuance, mettete lo smalto trasparente.

Se l'abito rosso vi sembra una scelta un po' azzardata e vi sentite più a vostro agio con il solito tubino nero, potete rivitalizzarlo con un cappottino rosso, dalla linea semplice e pulita, piccolo e avvitato.

Se la cena è in famiglia, il tailleur con la giacca è fin troppo serio, e l'abito risulta forse troppo elegante, quindi può andare benissimo anche un bel pantalone di tessuto prezioso con una camicia di raso o di seta magari nei toni dello champagne, che dona molto alle signore con le mèche. In quel caso stanno bene i gioielli in oro, magari una bella collana lunga o una catena girocollo. Alzatevi sui tacchi per slanciare la figura – tanto starete sedute a cena per tutta la sera! – e indossate un cardigan di cachemire longuette.

Tutti i tocchi oro o argento sono adatti a queste ricorrenze, basta che non siano troppo sfacciati. Una bella maglia morbida intrecciata con fili di argento può illuminare un paio di pantaloni o una gonna grigia; se accostata al bianco (di un bel pantalone largo sulla gamba, ad esempio), diventa ancora più elegante. Idem per una blusa o una maglia dai riflessi dorati che diventa perfetta accostata al beige o, più aggressiva, al nero.

Se non avete né tempo né denaro per comprare un vestito nuovo, potete ricorrere a qualche piccolo accorgimento per rinnovare un look che già avete nell'armadio. Provate ad aggiungere un sandalo dorato o una décolleté argentata al vostro abito beige o grigio, aggiungete un colletto prezioso fatto di strass luminosi e una bella cinturina sottile dello stesso colore delle scarpe, e il gioco è fatto.

Per quel che mi riguarda, a Natale io adoro vestirmi di bianco un po' panna, magari ravvivato da tocchi di oro o di argento. Trovo che sia il colore più adatto a queste feste, è il colore della neve, della purezza e delle luci che ci circondano. Abito bianco panna, cappottino in tinta, collo di pelo immacolato, borsa e scarpe beige chiaro per il giorno, oro o argento per la sera. Una fata!

• L'ALBUM DEI RICORDI •

Natale in casa Gori-Parodi è bellissimo... ma anche faticoso. Siamo due famiglie talmente numerose che dobbiamo per forza dividerlo in due tranche: il pranzo della Vigilia dai miei suoceri e il 25 da qualcuno dei miei parenti (la più gettonata ovviamente è Benedetta, sempre pronta a mettersi ai fornelli con nostra grande soddisfazione). Io mi limito a fare un aperitivo la sera del 24 quando, già satolli e rilassati dal pranzo, ci ritroviamo per aprire i regali e poi andare tutti insieme alla messa di mezzanotte. Io e Giorgio però aspettiamo di tornare a casa e di scambiarci i doni da soli, in intimità. È sempre un momento speciale, dolcissimo. Ma lo è stato ancora di più l'anno in cui gli ho dato un pacchettino che proprio non si aspettava: l'annuncio che sarebbe arrivata un'altra bimba dopo Benedetta e Alessandro!

CAPODANNO

Prometto che in questo capitoletto non vi dirò di non esagerare. Per l'ultimo dell'anno esagerate pure, è la serata in cui potete osare il look più audace e appariscente. Però di buon gusto... vi prego!

Se il vostro programma prevede discoteca fino all'alba, questa è l'occasione per brillare nel vero senso della parola. Top di paillettes e scollatura totale (se non avete troppo seno), pantalone nero a vostra scelta (io suggerirei un po' morbido perché è più elegante, ma va bene anche tipo jeans), tacchi altissimi e due bracciali simmetrici ai polsi.

Se preferite il vestito, fate pure, il problema sono le calze... L'ideale sarebbe avere delle belle gambe leggermente abbronzate e lasciarle nude come si vede nei servizi di moda sui giornali, ma in quel caso le modelle sono in un tiepido studio fotografico e voi magari dovete attraversare mezza città, dunque come fare? Le calze velate sono molto rischiose ma sono anche l'unica alternativa se avete un abito chiaro (color carne, bianco, argento oppure oro); altrimenti sceglietele nere. Se l'abito è una tunichetta corta o a trapezio e sopra il ginocchio, la calza pesante ci sta, magari anche i leggings neri che lascino in vista la caviglia. Se l'abito è longuette, meglio quella velata; se avete gambe particolarmente dritte e sottili potete osare le calze con la riga dietro, un dettaglio rétro molto sexy ma non facile da portare. Controllate che la riga non faccia una curva!

Via libera anche alle scollature un po' più audaci del solito, ma ricordatevi di calibrarle coprendo altre parti del corpo... Se volete essere originali e fashion, perché non scegliere un abito molto castigato davanti e super scollato sulla schiena? Ovviamente non dovrete mettere il reggiseno, ma se ve la sentite l'effetto è assicurato.

In caso di cena in casa va bene qualsiasi vestito di tessuto elegante accessoriato con un po' più di lucentezza. Sono belli i colletti di strass o di perle che si applicano su qualsiasi scollo rendendo subito speciale l'abito più semplice; sono chic anche messi a nudo sopra un top super scollato. Magari evitate il nero e puntate sul bianco, il rosso o il color cipria che io trovo il più elegante in assoluto. Se avete la fortuna di avere dei gioielli luminosi e grandi, usateli; se non li avete, andranno benissimo anche delle belle fantasie... Nei negozi di Biffi ci sono sempre collane colorate e scintillanti che vestono più di un abito, solo che costano molte centinaia di euro. Se superano il vostro budget, andate a curiosare da Zara, nel reparto bigiotteria, scoprirete collane simili – non uguali, ovviamente! – a un prezzo accessibile. L'anno scorso per Capodanno ho preso lì una collana di strass lucci-

• DONNE DA COPIARE •

PATTI PRAVO ha fatto dell'originalità nell'abbigliamento una delle sue armi vincenti. Di certo l'aiutano la chioma bionda sapientemente colorata con un risultato molto naturale e il fisico minuto e sottile, ma ancora oggi, che ha superato i 60 anni, rimane una delle icone di eleganza a cui fare riferimento. Il suo stile è sempre stato sexy androgino. A parte il periodo del Piper anni '60 in cui si era uniformata al look figlia dei fiori, ha poi adottato un abbigliamento molto personale fatto di velluti elegantissimi, di pantaloni da uomo, di camicie bianche con le ruches da moderna dandy, di lunghe palandrane un po' drammatiche ma sempre particolari e di un pallore molto teatrale che oggi le ha preservato un viso fresco e giovanile.
Da copiare: le bluse dandy con maniche over e i pantaloni di pelle nera.

canti e pendenti che mi faceva impazzire, l'ho abbinata a un vestito di seta verde scuro a palloncino, con calze velate nere e pump (scarpe con tacco a spillo, punta pronunciata e scollatura profonda) altissime di velluto verde. Vi giuro che faceva un figurone.

A proposito di velluto, io adoro questo tessuto e ho diversi capi, anche piuttosto vecchiotti, che conservo e metto ogni anno con piacere. Per le feste e le cene il velluto è perfetto perché illumina ed è di per sé prezioso. Più che il nero mi piace il velluto blu e più ancora dell'abito vi suggerisco pantaloni di velluto blu, fascianti sulla coscia e leggermente svasati in fondo, da portare con una camicia di raso molto classica e maschile in nuance abbinabile, sandalo o décolleté alta nera o blu. Basterà uno spruzzo di brillanti, veri o falsi che siano, per darvi un'allure più moderna e grintosa.

Se il vostro Capodanno è in una baita in montagna, dovete adeguare il glam alle basse temperature. Lasciate a casa i sandali gioiello e munitevi di stivali imbottiti di pelo (quelli australiani che hanno spopolato anche da noi), che per le feste trovate in mille versioni scintillanti: io ne ho un paio ricoperti di paillettes d'oro che mi ha regalato mia sorella Benedetta l'anno scorso a Natale. Lei vive sempre con anfibi e stivali stracomodi ma devo ammettere che a volte, soprattutto in montagna, non posso darle torto... Con un pantalone stretto messo dentro e una blusa scintillante, il gioco è fatto! Se avete freddo alle braccia ci sono i manicotti di lana o cachemire che stanno benissimo. Il look bianco panna per la montagna è stupendo e può essere mescolato a maglioni o vestitini di pizzo, purché accessoriati con calzamaglia in tinta e doposci. Anche quelli di pelo!

UNA CENA DA PADRONA DI CASA

A me piace tantissimo ricevere gli amici in casa mia. Non tanto cucinare, quello lo lascio fare magistralmente alla mia adorata sorellina, ma organizzare la casa, preparare la tavola, comperare i fiori e accogliere gli ospiti. Ho la fortuna di avere una bravissima tata che ama stare ai fornelli e quindi spesso faccio inviti più o meno formali con tanti invitati.

Come si deve vestire la padrona di casa in occasioni di questo tipo? Mai troppo elegante, perché chi invita non deve rischiare di essere più appariscente o sofisticata dei propri ospiti. È un segno di educazione nei loro confronti ma le consente anche maggiore comodità nel muoversi e nel servire, facendola apparire nel complesso più disinvolta. Dunque non sfoggiate per l'occasione le nuove scarpe taccatissime e non siate troppo vistose nei colori. Il classico abitino nero che tutte hanno nell'armadio andrà benissimo accompagnato da una collana di perle a più fili oppure illuminato da una spilla (meglio se vintage) fissata bene in alto vicino alla spalla. Se non avete né l'una né l'altra, nessun problema: puntate su un paio di collant un po' speciali, di pizzo, di plumeti o a rete grossa. In questo modo qualsiasi abito super sobrio avrà un pizzico di glamour in più.

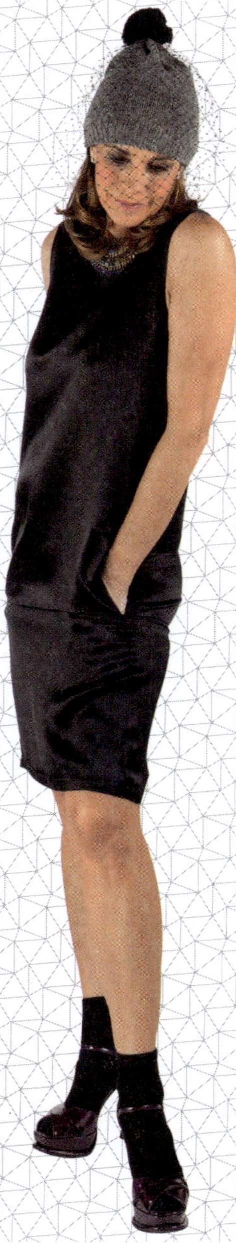

ABITO
DI SETA

COLLANA
CON CRISTALLI

CALZINI
CORTI

SANDALI
CON PLATEAU

BERRETTO
DI LANA
CON VELETTA

IN LUNGO

A meno che non siate delle cantanti liriche o delle dive del cinema, è piuttosto raro avere occasioni che richiedano il vestito lungo. E in ogni caso, care amiche, sappiate che un abito corto molto elegante equivale come dress code a uno lungo e, a parer mio, è assai più disinvolto e più giovane. Quindi non allarmatevi se nell'armadio non avete un abito da gran sera con lo strascico. Certo, una volta ogni tanto può essere divertente vestire i panni della donna super elegante, l'importante è... non sbagliare occasione e non ritrovarsi a essere l'unica agghindata da gran dama. Dunque chiariamo subito quando questo super abito va indossato: ai matrimoni che si svolgono nel tardo pomeriggio e che prevedono cena e festa (è importante in questi casi verificare la location, che deve essere una villa, un locale molto chic, non certo una discoteca o una casa di campagna); a una prima teatrale importante (come può essere quella scaligera a Milano); oppure se si riceve l'invito per una festa con dress code cravatta nera, che equivale allo smoking per gli uomini e a un look decisamente elegante per le donne.

Il consiglio che vi ho dato all'inizio di questo libro – "meno è meglio" – qui vale più che mai: l'abito lungo è già importante di per sé, quindi non esagerate con scolli, spacchi e tantomeno con le applicazioni (pizzi, decori di strass e paillettes). Tenete a mente queste tre regole: l'abito da sera dev'essere di un bel tessuto, di un taglio impeccabile e di un colore che vi doni. Su quest'ultimo punto vorrei aggiungere alcuni divieti: no alle fantasie, no al giallo, sì al nero (se proprio non avete alternative) e al blu, il colore che sta bene a tutte.

Quanto agli accessori, il lungo richiede il sandalo da sera, che può essere prezioso in maniera direttamente proporzionale alla ricchezza dell'abito. Se siete ricoperte di paillettes, mettete un sandalo dorato o argentato e con il tacco alto; se il vestito è molto rigoroso, allora sì che può spuntare un piedino calzato da un sandalo gioiello. Idem per la borsa che sarà per forza piccola e possibilmente in armonia con le calzature.

Gioielli: come vi ho già detto, pochi ma buoni. Io adoro gli orecchini pendenti da sera su una bella scollatura, e nient'altro.

Pettinatura: curata ma non troppo "parruccata". Il raccolto da sera è molto elegante, ma solo se si ottiene senza l'uso di duecento forcine e un intero flacone di lacca, altrimenti l'effetto carampana è garantito. Meglio un raccolto naturale, con le ciocche che incorniciano in viso, o più semplicemente la vostra pettinatura abituale ma con la messa in piega di un professionista.

• L'ALBUM DEI RICORDI •

Non sempre mi trovo a mio agio con l'abito lungo, tranne le volte che sono su un palco importante a presentare un evento. Alla fine, anche per le serate più glamour preferisco il vestito corto. Eppure, guardando la foto del Festival del cinema di Venezia di qualche anno fa, devo ammettere che mi sentivo davvero elegante sul tappeto rosso del Lido: abito lungo blu notte di Cavalli, semplicissimo ma con una linea che valorizzava braccia, spalle e scollatura; pochette in pitone in tinta con piccola fibbia; orecchini di brillanti e perle per illuminare il viso.

• DONNE DA COPIARE •

ANTONELLA CLERICI è una donna fantastica, con un carattere estroverso e diretto, una fisicità morbida e simile a quella di tante donne italiane e la straordinaria spontaneità nel presentare in tv come se fosse la nostra vicina di casa. Ha calcato i palcoscenici più importanti e condotto tante prime serate, ha avuto quindi infinite occasioni per sfoggiare abiti da sera e credo si sia divertita molto a sceglierli. Mai scontati e minimal, sempre super appariscenti, colorati e ricchi di volant e paillettes senza risultare ridicoli, quei vestiti l'hanno trasformata in una sorta di personaggio da fiaba o da cartone animato, in perfetta sintonia con il suo modo di essere bella senza dover essere magrissima. Con il décolleté in bella vista, i tacchi rafforzati dal plateau e perfino il diadema in testa (quando ha condotto dall'Arena di Verona le serate dedicate alla lirica), Antonella è un trionfo per gli occhi e, sia in versione da gran sera sia in cucina con il grembiule, riesce a piacere a uomini, donne e bambini.
Da copiare: i colori pastello che usa spesso su abiti e pantaloni.

GIACCA
DI PELLE IN
STILE ROCKER

CAMICIA
MORBIDA

JEANS
NERI

SCARPE
CON TACCO
GRINTOSO

FOULARD
IN TONO

BORSA CON
CATENELLA

OCCHIALI
DA SOLE

TROLLEY
SUPER PRATICO

7

LA VALIGIA PERFETTA

IN MONTAGNA • IN CAMPAGNA
AL MARE • UNA CAPITALE EUROPEA
UN VIAGGIO DI LAVORO

"Beata te che ti fai una bella vacanza lunga", dissi una volta con un po' di invidia a un'amica incontrata per caso all'aeroporto e in partenza come me per Ibiza. Io, tanto per cambiare, viaggiavo con un unico bagaglio a mano nel quale avevo stipato i vestiti per il weekend; anche lei aveva un trolley ma aveva imbarcato un'immensa valigia rigida che, nella mia fantasia, presupponeva un soggiorno di almeno un mese.
"In realtà rimango solo fino a domenica ma, sai, non riesco a viaggiare leggera..." mi rispose sconsolata vedendo la mia faccia inorridita.
Fare bene i bagagli è un'arte. E diventa una necessità per chi come me è abituata a viaggiare per lavoro, quindi a portarsi dietro poche cose ma giuste. Ed è una qualità piuttosto rara fra le donne. Lo dico dopo anni di esperienze di viaggi con altre persone. Ricordo che Matteo Marzotto, per qualche tempo fidanzato con la splendida Naomi Campbell, mi raccontò di averla lasciata anche per lo sfinimento di viaggiare con lei e i due bauli di Vuitton che la top model si portava sempre dietro, anche solo per un fine settimana al mare. E io che pensavo che le modelle fossero delle viaggiatrici perfette... Forse loro sì, ma le dive no.
Se non si fa parte di quest'ultima categoria che vanta in ogni luogo facchini, guardie del corpo, limousine e aerei privati, e si devono prendere treni, metropolitane e voli di linea, bisogna sapersi attrezzare. Io ho maturato una certa abilità nell'organizzare valigie ridotte all'osso come dimensioni, ma ricche di possibilità in fatto di look. Avrete ormai capito che sono una persona piuttosto esigente, una di quelle che non ama mettersi lo stesso vestito due giorni di fila. Dunque, come fare? Bisogna perdere un po' più tempo per preparare i bagagli, però poi sarà tutto in discesa, fidatevi!
Fare bene una valigia è un po' come avere il dono della sintesi: bisogna concentrare in uno spazio ridotto il maggior numero di outfit possibili.
Iniziamo!

• Mettete sul letto i vestiti che selezionate. Così facendo, vi accorgerete sicuramente che ne avete scelti troppi, anche perché non potete cambiarvi più di due volte al giorno!

• Concentratevi su abiti che siano abbinabili, in uno o due toni di colore, e che stiano bene insieme, in modo da poterli sfruttare combinandoli.

• Scegliete dei pantaloni che possano andare bene di giorno con uno stivale o delle sneakers, e di sera con un tacco e una camicia o una maglia elegante.

• Sono ammessi: un unico paio di stivali (e indossateli per partire perché occupano troppo spazio in valigia), una scarpa comoda per il giorno e una con il tacco per la sera.

• Verificate che i look scelti si abbinino a un'unica borsa da giorno e un capo spalla, e in valigia mettete una borsina da sera (tanto è piccola) e una pashmina dai toni neutri che va sempre bene.

• Portate almeno un maglioncino, possibilmente di cachemire.

• Una volta selezionate due o tre mise da giorno (cambiando solo la camicia o la T-shirt) e altrettante da sera (da completare con gli stessi accessori), eliminate tutto il resto.

• Io adoro i materiali tecnici, un po' elasticizzati che non si stropicciano. Vi consiglio la linea S' for easy living di Max Mara che sembra fatta apposta per viaggiare: pantaloni, abiti, giubbotti e tute dal taglio perfetto, ma di materiali moderni e comodissimi da mettere in valigia.

• Avete sicuramente una serata elegante e non sapete cosa portare? Se volete, Chiara Boni propone una linea di abiti super furbi che si chiama La Petite Robe. Sono elasticizzati (e quindi anche leggermente contenitivi, il che non guasta...), principalmente neri e blu ma anche di altri colori, con gli scolli sia classici sia audaci. Diventano minuscoli ripiegati in valigia e indossati con un bel tacco e qualche cosa di brillante fanno sempre una gran figura. Sono ideali per chi deve viaggiare spesso, perché non si stropicciano. Confortevoli di giorno ed eleganti di sera.

IN MONTAGNA

Partite sempre indossando l'abbigliamento più ingombrante: vale a dire che durante il viaggio avrete jeans, camicia, un bel maglione di lana pesante, calzettoni e scarpe con la para. In valigia invece potrete mettere: una tuta sobria e comoda (bandite quelle con le mega scritte fluorescenti) blu o grigia, un paio di sneakers da usare se il tempo non è orribile, due-tre camicie o magliette di ricambio (da abbinare a felpe o maglioncini), e qualcosa di più carino per la sera, come un pantalone e un bel dolcevita nero (che sta bene a tutte e non manca mai nell'armadio), ravvivato da un gilet di pelliccia (anche ecologica) che può andare comodamente sotto il piumino. Non dimenticate sciarpa e berretti di lana, possibilmente coordinati.

• *CORTINA* •

La perla delle Dolomiti è un posto dotato di una straordinaria bellezza paesaggistica e di una grande eleganza. Mi spiego meglio: Cortina è un luogo dove si va per sciare ma anche per farsi vedere! Quindi è il posto giusto per sfoggiare capi particolarmente lussuosi. Gli animalisti è meglio che chiudano gli occhi, perché a Cortina le pellicce si sprecano, così come gli accessori impellicciati, dai colbacchi agli stivali, fino alle borse bordate di pelo. Se volete un suggerimento, però, non esagerate con il look regina delle nevi. Se avete una bella pelliccia, usatela ma insieme ad accessori più sobri, come cappelli e sciarpe di lana o di cachemire. Se al contrario sfoggiate una bella giacca a vento o un piumino lungo, potete osare il copricapo impellicciato, come fa Daniela Santanchè, che saggiamente indossa sempre pantaloni neri in tessuto stretch, dolcevita in tinta e doposci al ginocchio con un po' di tacco: un look che slancia ancora di più la sua splendida figura. Borse firmate a gogò e gioielli anche di giorno. Ma ricordatevi che il top del lusso non è l'ostentazione forzata del capo costoso: la vera signora, infatti, indossa il piumino foderato all'interno di pelliccia pregiata e protegge le mani con guanti di pelle.

IN CAMPAGNA

I jeans vanno sempre bene per partire, magari accessoriati con uno stivaletto basso e una bella borsa grande di cuoio. Maglioncino leggero a V e giacca di tweed molto british. Nella valigia mettete: sneakers e stivali di gomma; un abito di maglia da usare con calze pesanti e stivali, che andrà benissimo per una cena in casa e per le chiacchiere davanti al camino; una pashmina nei toni neutri, che è sempre utile nelle mezze stagioni, così come un cappello a tesa un po' larga in caso di pioggerella autunnale; un cambio con un leggings e un maglione lungo sopra, e siete a posto. Portatevi un pigiama pesante. Nelle case di campagna di notte fa sempre freddo.

• *CARPENETO* •

Le signore con una casa di campagna hanno uno stile molto pratico, informale e poco ostentato. Io conosco bene la zona del Monferrato perché la mia famiglia è di Alessandria, e da sempre il nostro rifugio è tra le vigne di Carpeneto (vicino a Ovada), dove ci ritroviamo per passare le domeniche o i weekend con gli amici. Se ricevete un invito in campagna, evitate un abbigliamento troppo modaiolo. Vanno bene i jeans, ancora meglio i pantaloni di velluto, i bei maglioni pesanti e gli stivali comodi. L'ideale è portare una giacca sportiva di buon taglio, perfetta con gli stivali e una camicia bianca, e magari osare un cappello. Per la sera basta aggiungere una camicia di seta ai pantaloni, un paio di orecchini più importanti o sfoggiare una gonna di un tessuto leggero e prezioso ma completata da una maglia pesante e dagli stivali.

• DONNE DA COPIARE •

Mia sorella **BENEDETTA** è un perfetto esempio da copiare per questo look. Non a caso è quella che frequenta di più la nostra casa di campagna, dove si installa all'inizio dell'estate a produrre marmellate e torte fantastiche. Di solito noi arriviamo la domenica quando già si sente il profumo della grigliata e immancabilmente la troviamo con i jeans (corti d'estate e lunghi d'inverno) e le sue adorate maglie morbide e un po' lunghette, ma molto femminili nello scoprire una spalla o una scollatura. Ai piedi ha stivali o sneakers di solito in colori accesi. I capelli sono sempre raccolti e le mani... in pasta!
Da copiare: il jeans comodo e i capelli raccolti e fermati con una matita.

AL MARE

Al mare usate le righe! Io ho una passione sfrenata per le righe bianche e blu e lo stile marinaretto. Dunque per partire vanno bene un jeans stretto e corto alla caviglia (stile caprese), delle ballerine colorate, un piccolo spolverino e una borsa colorata o di paglia. Portatevi in valigia almeno due costumi, una maglia a righe a maniche lunghe da abbinare a un lupetto blu un po' più corto in modo che sotto spuntino le righe; lo abbinerete ai jeans o ai pantaloni bianchi che pure metterete in valigia. I copricostumi fanno un po' vecchia signora, meglio un pantaloncino corto e una maglietta per andare al mare, un giubbotto di pelle o di jeans piccolo per la sera e un vestito lungo colorato da completare con sandali bassi. Ricordatevi di portare anche una pochettina da sera.

Se avete la fortuna di partire per una località tropicale durante le vacanze di Natale, indossate una bella tuta per il viaggio in aereo, scarpe da ginnastica e canottierina sotto. Portatevi un gilet imbottito senza maniche da tenere addosso fino alla partenza. Vi verrà comodo quando tornerete tutte abbronzate abituate ai 30 gradi delle Maldive e troverete -4 °C a Milano...

Ecco qualche suggerimento di moda balneare che va bene per qualsiasi località voi frequentiate.

- In spiaggia non si va truccate né ingioiellate. Sì solo a un velo di mascara waterproof (se proprio non potete fare a meno dello sguardo da cerbiatta) e a un gloss trasparente sulle labbra.
- Meglio evitare i tacchi, ad eccezione di qualche zeppa se dovete slanciare la coscia, ma sappiate che un bel paio di infradito risulta più elegante e disinvolto.
- No agli stivali né alle scarpe da ginnastica che rischierebbero di creare il vuoto intorno a voi quando li sfilate...
- Il copricostume è un po' passato di moda, meglio pantaloncini e maglietta, top o canotta per chi può permetterselo, oppure i vestitini di cotone morbidi e colorati magari arricchiti da una strategica cintura sui fianchi.
- Il look totalmente fluo ha un po' stufato; l'anno scorso non si è visto altro!
- I gadget tutti teschi, borchie e croci lasciamoli alle ragazzine.
- Portatevi sempre un pareo leggero da avvolgervi sui fianchi quando vi alzate dal lettino per andare al bar o per passeggiare lungo il bagnasciuga. A meno che non abbiate un lato b che può reggere gli sguardi più spietati della vicina di ombrellone.
- La scelta del costume non è cosa da poco. Per chi ha problemi di fianchi e pancetta sono tornati di gran moda i bikini a vita alta anni '50. Per chi ha poco seno, i costumi a fascia sono i più adatti e sono comodissimi per abbronzarsi senza che rimanga il segno delle spalline. Per chi ha i fianchi stretti e le gambe

lunghe – l'ho già detto, ma lo ridico: wow! –, il classico bikini con slip e reggiseno a triangolo va bene. Per chi ha più di 60 anni, meglio il costume intero, raffinato e avvolgente.

- Non andate in spiaggia con borse firmate: il bauletto di Gucci o la shopping di Louis Vuitton fanno tanto "guardatemi perché ho una borsa costosa". Meglio una sacca da mare senza strane scritte e piuttosto sobria o, ancora più chic, una bella cesta di paglia. Io uso solo quella che però richiede un piccolo accorgimento: sbattere il fondo prima di rientrare in casa, per non portarvi dentro tutta la sabbia!

• *FORMENTERA* •

Qui gioco in casa. Conosco quest'isola come le mie tasche e me ne sono innamorata tanti anni fa perché è un posto semplice e selvaggio, dove contano di più la disposizione d'animo e la voglia di libertà che il vestito. A Formentera basta davvero poco. In spiaggia sono tutti nudi, ma rigorosamente muniti di pareo, infradito, cesta, cappello di paglia e Ray-Ban. Lo stile per la sera è altrettanto informale. Come prima cosa, si rimane in costume e in spiaggia fino al tramonto, aperitivo compreso. Non vedrete mai nessuno in giacca, tranne un mio caro amico, sempre elegantissimo, che è stato l'unico ad ammirare il tramonto al Big Sur con una giacca di lino verde prato! Un marziano...

Evitate di mettere in valigia sandali con il tacco a spillo, perché a Formentera si gira scalzi, in infradito o al massimo con un paio di sabot o di zeppe la sera. No anche ad abiti di paillettes o a tubini da sciuretta. Sì invece a un look comodo e magari vagamente hippy. I frequentatori abituali dell'isola girano con magliette scolorite, shorts e camicie di garza leggerissime. Per la sera vanno bene abiti romantici lunghi, giacche militari, scialli con le frange e perline. Ovviamente senza esagerare.

Se volete un modello guardate Belén Rodriguez che da alcuni anni non manca mai sull'isola, attirando purtroppo un esercito di paparazzi...

Se volete ispirarvi a una griffe, secondo me Twin-Set di Simona Barbieri ha uno stile molto adatto al luogo, con i suoi look che mescolano abiti di pizzo e maglie over, sottovesti di seta e stivali da biker.

UNA CAPITALE EUROPEA

Lo so, sono noiosa, ma partite sicuramente con i jeans, neri o grigi se li avete, un dolcevita in tinta, tronchetti con tacco moderato, cappottino corto ma caldo e zainetto in spalla. Questa sarà anche la vostra divisa per visitare la città di giorno. Per la sera portatevi dei leggings di pelle e una blusa di seta lunga, un paio di décolleté con il tacco e una clutch nera. Sarete perfette in qualunque ristorante andiate: moderne e grintose. Se siete giovani e magre, per il giorno dopo potete anche azzardare minigonna e tronchetti (con calze pesanti, mi raccomando), altrimenti portatevi un cambio di pantaloni e camicia e godetevi il weekend!

• *PARIGI* •

Le donne parigine hanno un fascino e uno stile molto particolare che le rende ultrafemminili ma che non è facilissimo da copiare. Bisogna essere "parisienne" per riuscire a mescolare i capi con la grazia di queste madame e mademoiselle che non sono mai troppo perfette e patinate, ma che appaiono quasi sempre irresistibili. Il consiglio è di non indossare il total look di uno stilista ma di abbinare alla giacca firmata un vestitino vintage, di usare con generosità maglie larghe e leggere, di portare il foulard sotto l'impermeabile, di non mettere per forza i tacchi ma di usare le ballerine, e – qui viene il bello! – di avere quell'aria naturale che non sembra essere stata studiata a tavolino...

Pensate a Carla Bruni, che come première dame ha indossato abiti molto eleganti realizzati dai migliori stilisti francesi, ma che appena può si infila i vecchi jeans e le scarpe basse, tanto che al Festival di Sanremo si è presentata con un tailleur pantalone grigio che nemmeno un'impiegata avrebbe usato per uscire la sera. Ecco, le donne francesi sono snob. Ma questo è anche il segreto del loro fascino.

UN VIAGGIO DI LAVORO

Se avete in programma una trasferta di lavoro, dovete avere un abbigliamento un po' più formale. Indossate comunque qualcosa di comodo per viaggiare, magari questa volta sostituite i jeans con un paio di pantaloni neri o grigi, scarpe basse (mocassini, stivaletti o stringate) e un cardigan o un maglioncino a collo alto, orecchini piccoli. Aggiungete una morbida pashmina nei toni neutri che vi sarà utile anche la sera per coprire le spalle se indossate un abito più elegante. E in valigia portate almeno altri due cambi che possano andare bene per gli incontri di lavoro. Utilizzate una giacca che si abbini sia a un abito sia a un pantalone con camicia, così guadagnerete spazio. E non dimenticate l'immancabile abitino nero né troppo elegante né troppo sportivo che, accessoriato con scarpe con il tacco e un bel gioiello, vi risolverà la cena più elegante, mentre portato con giacca e foulard, sarà perfetto di giorno. Non dimenticatevi una borsa piccola: dopo aver girato tutto il giorno con borse grandi e pesanti, la sera sarà un sollievo (oltre che un dettaglio chic) avere solo una clutch in mano.

• *LONDRA* •

Non tutte le londinesi sono un esempio di eleganza. Avete presente Kate Moss? Lei è un'eccezione, qualsiasi cosa metta diventa di tendenza ed è quasi sempre un modello da seguire. In generale, però, a Londra vedrete anche signore vestite in modo molto sciatto, come se si buttassero addosso la prima cosa che trovano nell'armadio. Una caratteristica abbastanza comune è quella di non indossare le calze, nemmeno quando la temperatura scende di brutto, con il risultato di non essere per niente seducenti con le gambe bianchissime e infreddolite e i tacchi a stiletto; oppure di sfoggiare volutamente calze smagliate in stile tardo punk (vedi socialite come Pixie Geldof o Care Delavigne). Girano molti cappellacci tipo baschi o con una piccola tesa. Direi che lo stile ricorrente è quello della bad girl (cattiva ragazza) facilmente replicabile, se volete frequentare pub alla moda, indossando un abitino di paillettes con gli anfibi e rinunciando tassativamente alla messa in piega.

E ORA?!

A questo punto, care amiche, credo di avervi detto tutto.
Ho cercato di raccontarvi qual è la mia idea di eleganza e di suggerirvi come metterla in pratica nelle varie occasioni e a seconda del vostro fisico.
Sono certa che aggiungendo un pizzico di personalità e un tocco di originalità non avrete problemi a diventare perfette!
Ma prima di salutarvi, concedetemi un ultimo piccolo spazio per una lista di consigli generali… Penso che abbiate intuito che sono una maniaca delle liste, ma è l'unico modo che ho per ricordarmi le cose e non tralasciare i piccoli ma fondamentali dettagli.
Quindi, ecco cosa dovete tenere sempre ben presente:
- scegliete abiti e accessori senza logo: sono decisamente più eleganti;
- vestitevi soprattutto con colori in tinta unita e limitate il più possibile le fantasie, eviterete così di sbagliare;
- non seguite mai troppo la moda del momento, non è chic;
- i tacchi troppo alti hanno fatto il loro tempo, quindi massimo 10, 12 centimetri (che non è poco, lo so!);
- la biancheria intima non si deve mai vedere sotto il vestito;
- risparmiate sugli abiti ma, se potete, non sugli accessori perché scarpe e borse devono essere belle;
- le mani e i capelli di una donna elegante devono sempre essere in ordine, ma mai troppo… artificiali: quindi no alle unghie assassine con la french bianchissima accecante e no ai capelli imbalsamati da chili di lacca;
- infine – ma in realtà è il consiglio più importante di tutti – imparate a volervi bene e ad apprezzarvi per come siete: se con il vestito perfetto indosserete anche uno splendido sorriso, sarete bellissime e tutti se ne accorgeranno!

RINGRAZIAMENTI

Difficile ringraziare tutte le persone che mi hanno ispirato per scrivere questo libro. Sono tantissime, oltre che elegantissime, e ben presenti nella mia mente. Proverò a mettere in fila (ebbene sì, un'altra lista...) almeno quelle che mi sono più vicine.

In primis la mia mamma, la mia prima inconsapevole maestra di stile.

Mio marito Giorgio – il cui modello di eleganza femminile, quando ci siamo conosciuti 20 anni fa, era pantalone, camicia e mocassino, il tutto possibilmente blu –, perché ha imparato con pazienza e amore a limitare le critiche e ad accettare il lato modaiolo che c'è in me. Grazie, amore mio.

Mia figlia Benedetta, giudice severissimo dei miei outfit.

Il suo no significa che il look è una "vecchionata", il suo sì vuol dire che non appena me lo tolgo, lei me lo ruba...

Ma grazie anche a mia sorella Benedetta per avermi offerto la sua bella casa di Milano tutte le volte che dopo una giornata di lavoro dovevo cambiarmi per la sera (io vivo a Bergamo), per avermi fatto ogni tanto da sarta (eh già, oltre a cucinare sa anche cucire!) e naturalmente per avermi coccolato con meravigliosi aperitivi prima di farmi andare via.

Non posso non ringraziare infinitamente la mia costumista storica, Nuccia Gatti, un'amica e molto più che una semplice consulente per la mia immagine. Grazie per i preziosi consigli e per avermi aiutato a sentirmi sempre perfetta.

Grazie anche a tutte le mie amiche bellissime e chic con le quali ho condiviso shopping sfrenato e occasioni mondane. In particolare le due Cristine (siamo un bel trio, no?) che sanno trasformare la passione per la moda in uno stile personale e mai scontato.

Questo libro, però, non sarebbe potuto nascere se non ci fossero stati: una editor deliziosa (e appassionata di calze e spille!) come Rossella Biancardi, un art director affascinante come Sergio Pappalettera e un disegnatore meraviglioso come Damiano Groppi, che mi ha conquistato fin dal primo tratto di matita. Grazie anche alla professionalità e alla pazienza di Patrizia Segre.

Grazie di cuore a tutti gli stilisti meravigliosi che abbiamo nel nostro Paese non solo perché in tante occasioni della mia vita professionale e privata mi hanno vestito, ma anche per l'amicizia e la stima, per tutte le interviste che mi hanno concesso e per i consigli che mi hanno dato facendomi apprezzare ancora di più la moda italiana. E infine grazie a tutte voi, amiche mie, che avete avuto la pazienza di leggere fino in fondo il mio libro. Aspetto con ansia commenti, suggerimenti e critiche. Purché, naturalmente, siano fatti… con eleganza!

CREDITI FOTOGRAFICI

© Helenio Barbetta: 7, 37, 39, 41, 43, 45, 47, 49, 51, 53, 112, 119, 122, 123, 126, 127, 133, 136, 137, 142, 145, 163, 165, 168
© Olycom: 8, 22, 34, 54, 84, 95, 114, 121, 144, 146
© Courtesy of Alberta Ferretti: 88, 89
© Courtesy of Blumarine: 90, 91
© Courtesy of Dolce & Gabbana: 92, 93
© Courtesy of Ferragamo: 109
© Courtesy of Giorgio Armani: 94
© Courtesy of Gucci: 106
© Courtesy of Hermès: 103, 104
© Courtesy of Iceberg: 101
© Courtesy of Moschino: 98, 99
© Courtesy of Prada: 96, 97, 107
© Courtesy of Ralph Lauren: 111
© Courtesy of Roberto Cavalli: 87
© Courtesy of Roger Vivier: 109
© Courtesy of Simonetta Ravizza: 100
© Courtesy of Stella McCartney: 110
© Courtesy of Tod's: 108
© Courtesy of Trussardi: 110
Foto private: 21, 68, 89, 112, 118, 130, 132, 139

L'editore ha fatto il possibile per rintracciare gli aventi diritto e resta a disposizione per ottemperare a eventuali obblighi.

I LOOK INDOSSATI DA CRISTINA

p. 7: Abito, Azzedine Alaïa. Orologio, Omega.
p. 8: Giacca e pantaloni, Dondup. Cintura, Mino Ronzoni. Scarpe, Tom Ford. Borsa, Valentino. Orecchini e anello, Vhernier. Orologio, Omega.
p. 22: Abito, Falconeri. Giacca, Francesca Zunino. Scarpe, Prada. Borsa, Tod's. Occhiali, Roger Vivier. Orologio, Damiani.
p. 34: Giacca, gonna, top e borsa, Pinko. Scarpe, Prada. Occhiali, Tom Ford. Orecchini e anello, Vhernier. Collana, Cartier.
p. 37: Cappotto, Tommy Hilfiger. Pantaloni, Dondup. Scarpe, Tosca Blu. Borsa, Cruciani. Berretto, Blumarine.
p. 39: Maglia, jeans e giacca, Dondup. Scarpe, Roger Vivier. Borsa, Tod's. Orecchini, Dada Arrigoni. Orologio, Damiani.
p. 41: Camicia, Genny. Pantaloni, Moschino. Scarpe, Roger Vivier. Borsa e cintura, Hermès.
p. 43: T-shirt, Intimissimi. Cardigan, Numero 21. Pantaloni, H&M. Scarpe, Roger Vivier.
p. 45: Abito, Alberta Ferretti. Scarpe, Gucci. Borsa, Moschino. Orecchini, Swarovski.
p. 47: Camicia e pantaloni, Blumarine. Scarpe, Tom Ford. Orologio, Omega.

p. 49: T-shirt, Intimissimi. Giubbotto, "Vintage". Jeans, Dondup. Cintura, Mino Ronzoni. Sneakers, Converse All Star. Borsa, Tod's. Bracciale, Tosca Blu. Anello, Vhernier.
p. 51: Trench, Burberry. Leggings, Calzedonia. Stivali, Colors of California. Borsa, Tosca Blu. Cappello, Twin-Set Simona Barbieri.
p. 53: Cappotto e completo effetto double, Max Mara. Calze, Calzedonia. Stivali, Stuart Weitzman. Borsa, Trussardi. Orologio, Omega. Abito appeso, Moschino.
p. 54: Giacca, Francesca Zunino. Gonna, Numero 21. Leggings, Calzedonia. Scarpe, Tosca Blu. Borsa, Céline. Orecchini, Flower by Flower. Occhiali, Moncler.
p. 84: Abito, clutch e sandali, Roberto Cavalli.
p. 112: Top, Max Mara. Gonna, 'S for easy living Max Mara. Calze, Calzedonia. Scarpe, Prada. Collana, Swarovski. Borse, Fendi, Bottega Veneta, Chanel, Céline, Balenciaga. Orologio, Omega.
p. 114: Abito, Blumarine. Scarpe, Tom Ford. Borsa, Chanel. Occhiali, Ferragamo. Orologio, Omega.
p. 119: Top e pantaloni, Moschino. Scarpe, Roger Vivier. Collane, Camomilla, Radà. Orologio, Omega.
p. 122: Giacca, Zara. Jeans, Dondup. Sciarpa, Falconeri. Scarpe, Tosca Blu. Borsa, Tod's. Impermeabile, Allegri. Orologio, Omega.
p. 123: Top e gonna, Pinko. Leggings, Calzedonia. Collana, Zara. Scarpe, Roger Vivier. Orologio, Omega.
p. 126: Camicia e jeans, Dondup. Scarpe, Stuart Weitzman. Pochette, Marta Marzotto. Orologio, Omega.
p. 127: Abito, Blumarine. Scarpe, Rodo. Cappello, "Vintage". Orecchini, Dada Arrigoni. Orologio, Omega.
p. 133: Camicia e giacca, Moschino. Jeans, Abercrombie. Scarpe, Jimmy Choo.
p. 136: Top, Max Mara. Gonna, 'S for easy living Max Mara. Giacca, "Vintage" Chanel. Calze, Calzedonia. Scarpe, Prada. Guanti, Martine Margela. Borsa, Fendi. Collana, Swarovski.
p. 137: Cappotto, Blumarine. Pantaloni, Moschino. Scarpe, Prada. Cappello, Borsalino. Guanti, Tosca Blu. Borsa e orecchini, Chanel.
p. 142: Abito, 'S for easy living Max Mara. Calze, Calzedonia. Scarpe, Prada. Collana, Nanni Milano. Berretto, Bernstock Speirs.
p. 145: Camicia, jeans e borsa, Dondup. Giacca, Pinko. Scarpe, Tom Ford. Foulard, Chanel. Occhiali, Moncler. Orologio, Omega.
p. 146: Giacca, gilet e sciarpa, Gianni Campagna. T-shirt, Intimissimi. Jeans, J Brand. Scarpe, Moreschi. Borsa e cintura, Hermès.
pp. 163, 165: Camicia, Tommy Hilfiger. Giacca, Moschino. Jeans, Dondup. Scarpe, Valentino. Collane, Camomilla, Radà. Orologio, Omega.
p. 168: Abito, Moschino Cheap and Chic. Leggings, Calzedonia.

Per il servizio fotografico realizzato per questo libro:
Foto: © Helenio Barbetta
Stylist: Nuccia Gatti
Truccatrice: Monica Lissone
Parrucchiere: Paolo Anselmi

Let's
CHANEL
CHANEL